班级智慧管理 50 问

姜文君　宋玲玲　姜玉彦　主编

中国海洋大学出版社
·青岛·

图书在版编目（CIP）数据

班级智慧管理 50 问 / 姜文君,宋玲玲,姜玉彦主编 .

青岛:中国海洋大学出版社,2024.10. -- ISBN 978-7-

5670-3934-6

Ⅰ. G632. 421-44

中国国家版本馆 CIP 数据核字第 2024E70A56 号

班级智慧管理 50 问

BANJI ZHIHUI GUANLI 50 WEN

出版发行	中国海洋大学出版社			
社 址	青岛市香港东路 23 号		**邮政编码**	266071
出 版 人	刘文菁			
网 址	http://pub.ouc.edu.cn			
订购电话	0532－82032573（传真）			
责任编辑	付绍瑜		**电 话**	0532－85902533
印 制	日照日报印务中心			
版 次	2024 年 10 月第 1 版			
印 次	2024 年 10 月第 1 次印刷			
成品尺寸	170 mm × 230 mm			
印 张	13. 25			
字 数	260 千			
印 数	1—1 000			
定 价	49. 00 元			

发现印装质量问题,请致电 19819517156,由印刷厂负责调换。

编 委 会

（山东省优秀班主任姜文君工作室）

主　编　姜文君　宋玲玲　姜玉彦

副主编　王丽娜　徐妮妮　周　晶　张　颖

　　　　张春玲　曲　芳　周　璐　王亚平

　　　　李文娟　马燕飞　于　玲

CONTENTS 目 录

卫生管理篇：物皆有序，培植习惯养成之沃土

人际沟通篇：亲疏有度，把握人际交往之尺度

班干部养成篇:责任在肩,树立榜样引领之航标

学习成长篇

唤醒内驱，点燃共学共进之火种

第1问：学生不写作业，班主任该怎么办？

【老班难题】

"老师，我作业忘带了。""老师，我作业忘写了。""老师，我写好作业了，但找不到了。"……教育教学中，我们是不是经常会听到学生这些不交作业的借口？个别学生总是不交作业且油盐不进。夸也夸过了，训也训过了，盯也盯过了，家长也来过了，他们还是不交作业，这让老师很有挫败感。面对这个难题，班主任该怎么办呢？

【寻根究源】

为何会产生这种令任课老师及班主任极其头疼的作业"老赖"呢？根据观察和调查，我发现学生不写作业主要有以下几种原因。

一、学生方面

1. 学习态度不端正，基础知识差，能力不足导致习得性无助，越来越"躺平"。

2. 自以为都学会了，觉得写作业没意思，缺乏挑战性，对作业有抵触心理。

3. 时间管理存在问题，写作业时贪玩、注意力不集中，条理性差，写得慢。

二、教师方面

1. 布置作业太多，不考虑学生的承受力，学生苦不堪言；不考虑难度，作业难度太大，多数题学生不会做。

2. 师生关系存在问题，学生与老师有矛盾。学生不喜欢任课老师，也就不喜欢写该学科作业。

3. 老师脾气好，容忍度高，轻易放过不写作业的同学，这在无形中助长了学生不写作业的坏习惯。

三、家长方面

1. 家庭对孩子管理不力,缺乏对孩子学习的引导,导致孩子作业完成习惯不好。

2. 父母在孩子写完学校作业后,给孩子布置许多额外作业,或给孩子报太多辅导班,导致孩子没有时间来放松或做自己喜欢的事情。

【解忧锦囊】

当我们遇到作业"老赖",应该如何让他们写作业呢?

一、走进学生内心,建立和谐师生关系

1. 问明原因,对症下药。首先召开课代表会议,了解各科老师每天布置作业量是否过大。然后对班上的每个作业"老赖"全面分析,找准原因,根据不同原因采取不同的处理方式。

2. 非暴力方式沟通。不写作业的学生也许有自己的苦衷,我们不妨和学生谈谈心,问问原因,走进学生的心灵,看看他们究竟在想些什么,或许就能找到打开大门的金钥匙。常言道:亲其师,信其道。学生只有充分信任老师,才会与老师推心置腹地交流,才会向老师诉说烦恼和困难,老师才能了解学生的内心世界,把握他们的思想动态。老师可以采用以下沟通过方式打开沟通局面。

询问句式——你以前有过完成作业的情况吗?当时你是怎样做到的?(寻找例外,重点关注学生如何做到的)目前如何做你才会完成作业呢?(回归当前)

想象句式——如果你已经上交了作业,又会是什么状态呢?你能想象一下吗?(激发潜力)如果需要我们及时上交作业,具体情况又会是什么情况呢?具体做法又会如何落实呢?(现实主义者语言,指向解决问题的途径和方法)

3. 制订时间表。让学生制订家庭作业的学习时间表,并和学生商量好尽量根据作业时间表来完成作业。做好一项就打钩,这样可以帮助学生有条理、有计划地进行学习。学生如果能做到,那么就表扬;如果中途违反了协定,就要接受事先商定好的处罚方式,如写一篇文章。对顽固性作业"老赖",也不要放弃,适当降低标准,别人抄两遍,他们就抄一遍,告诉他们这是"特殊优待",只要每天都有进步,就是值得肯定的。

4. 鼓励赏识。教师要对不写作业的学生有"等得起"的耐心,抓住学生平日的闪光点,走进学生内心,让学生时常看到教师肯定的眼神,听到教师鼓励的话语,内心深处感受到教师愿意帮助他并建立对教师的信任和喜爱。教师再不失时机地提学习要求。

二、分层布置作业,坚持就是胜利

1. 对于头脑比较聪明的学生,教师可以布置一些动手、动嘴等形式的作业,让他们利用自己的优势挑战形式新颖的作业,如果做得好大力表扬,满足他们"不走寻常路"的心理,在肯定他们的同时也要抓住问题,让其夯实基础,回归到写作业的轨道。

2. 针对基础知识差的学生,教师可以减少作业量或降低难度,只要能坚持每天做,教师就在全班进行表扬,增强其自信心。教师也可以给他们匹配学习伙伴,让其在竞争中提升自己写作业的信心。同时,教师要在学习方法上及时给予指导,帮助他们查漏补缺,步步跟进。

三、加强家校沟通,养成良好作业习惯

孩子不写作业的原因是什么?如果是家长额外布置的任务或辅导班让孩子放学后疲惫、写作业力不从心,家长就要认清孩子的学习重心应放在学校课堂上,培养孩子对学校学习的兴趣,而不是靠刷题或报辅导班来提高成绩。对于自制力差的孩子,父母或其他家庭成员需要监管一段时间,帮助孩子学会管理时间;对于注意力不集中的孩子,家长可以帮助他们分解作业,分段完成,跟进一段时间后让孩子自主制订学习计划,签订承诺书,奖惩并举,激发孩子的自我意识和责任意识。

【案例聚焦】

用爱和坚持,等一树花开

小峰,初一男生,长得很精神,眉清目秀,高高大大,属于不提学习一切都好、一提学习撒腿就跑的类型。

刚入学时,到了一个新的班集体,大家都好好表现,他并没有在学习上表现出偷懒。但是时间一长,我发现他的小学基础知识不扎实,字写得不工整。随着学习任务难度的增加,他的学习问题逐渐暴露出来,他从选择性做作业慢慢过渡到不写作业。

刚开始,我找他谈心,及时督促他补上去,可这不是长久之计。我发现他的家庭教育有问题,他在家排行老三,有两个姐姐,爸爸妈妈靠打鱼谋生,所以他家住的是离学校最远的海边,每天都是爸爸或妈妈接送。他小时候跟着爷爷奶奶生活,他们对这个孙子十分溺爱,也不重视学习。因此小峰小学时并没有养成良好的学习习惯,到了初中,父母把他接到身边,但学习已经跟不上了。

其实小峰不笨,他背诵课文时竟能第一个背下来,他只是在学习上没有得到有效监督,导致学习态度不端正、学习习惯差、自我效能感低。首先,我先抓住他除了学习以外的其他闪光点,比如学生会来检查卫生时,他会主动告诉我班级哪里扣了分。我就在全班表扬他有集体荣誉感,表扬他积极主动的责任意识,让每个同学向他学习。我不断通过生活小事肯定他的能力,让他充满自信,建立互相信任的师生关系,让他愿意并能把我说的话听进心里去。

关系决定一切,建立了良好的师生关系,就有改变的可能。于是,我和小峰进行了一次走进内心深处的交谈。我了解到他的学习困难,并且计划好帮助他提高分数的做法:一是激励他提高课堂听讲效率,不能听不懂就破罐子破摔,应尽量集中自己的注意力;二是和各科老师商议针对他的学习能力布置作业,让他跳一跳能摸得到,每天进行表扬,让他产生坚持写作业、坚持学习的内驱力,他感受到这么多老师对他的帮助,内心有所触动;三是把班级不写作业的同学集中开会,给他们找师傅,徒弟们要在竞争的同时互相督促,抱团进步;四是与家长沟通,告知他们小峰在校的进步表现,让家长知晓孩子上进的决心,在孩子回到家后要进行辅助监督,只要孩子按照约定的计划完成作业家长就向老师报喜,如果没有完成,就让孩子按照事先约定好的自己认可的惩罚措施自罚。

好习惯的养成需要 21 天,需要小峰、老师、家长多方的坚守,坚持下来就是胜利。虽然小峰的成绩暂时还不理想,但是他能够端正学习态度,认真完成基础性的作业,他不再是一提学习便黯然神伤的孩子,眼睛里如今闪烁着快乐和自信。相信孩子们只要心中有梦,眼中有光,脚下有路,未来可期。

(威海市第七中学　周晶)

第 2 问：学生抄作业，班主任该怎么办？

【老班难题】

目前在中学生群体里，作业抄袭现象普遍存在。班主任经常会听到任课老师反映班里孩子有抄作业的行为而且屡禁不止。面对学生抄作业现象，班主任该怎么办？

【寻根究源】

一、客观原因

1. 作业负担过重。有时作业过多，写到太晚会影响睡眠，学生无奈会选择放弃某学科作业，第二天早早去学校抄别的同学的作业。

2. 作业缺乏梯度性。有些作业难度超出了一部分同学的能力范围，但老师又要求全体同学都必须完成，这部分同学便会选择抄作业。

3. 作业形式单一。每天的作业形式类似，久而久之对学生没有什么吸引力，部分学生把它当成了负担，不愿意主动思考。

4. 作业评价枯燥。有些作业评价不能调动学生的积极性，逐渐使得有些学生在作业中找不到兴趣，干脆放弃主动性。

二、主观原因

1. "我要玩。"有的学生学习主动性不强，总是先玩后写作业，总想着在学校已经够累了，回家要先放松，甚至根本就不想写作业，于是大抄特抄。

2. "我不行。"有的学生缺乏自信，遇到稍微有点难度的题就主动放弃，没有深入思考的毅力，于是照抄同学的作业或者在作业软件上搜答案。

3. "我得行。"有的学生总想在老师和同学面前表现出完美的一面，虚荣心在作祟，为了得到好的评价，就通过抄作业把完美的作业步骤呈现给老师。

【解忧锦囊】

1. 协调各科作业时间。每天统筹各学科作业，不能超过规定时间。哪科作业过多，班主任就找相应任课老师协商适当调整作业量。

2. 分层布置作业。让优生有挑战空间，让"待优生"能巩固当天所学并有所提升。

3. 设置花样作业形式。偶尔变着花样布置作业，改变一成不变的作业形式，让学生有新鲜感，对作业充满期待。

4. 调整评价方式。除对错外，作业本上可以有激励语言，还可以设置积分闯关等激励措施。

5. 班会课专题教育。加强学生之间的互相监督，凡出现抄作业的现象，抄作业的学生要写反思，并在全班同学面前做出承诺。对于一些知识点掌握不扎实而想抄作业的学生，老师可以多关注他们的学习，平时多让他们到讲台上讲答题思路，一是了解学生学习情况，二是帮助学生真正把知识点学会，杜绝抄作业的行为。

6. 跟学生谈话。班主任要多考虑学生抄作业背后的心理诱因。要多"追溯"，联想和学生有关的一系列事件和其平时的行为表现，要变"你怎么可以抄作业"的言语指责为"他为什么要抄作业"的思考探究。要加强对家庭教育的引导。"双减"后，我们要继续引导家长及时关注孩子的作业完成情况以及做好手机等电子产品的监督管理工作。

【案例聚焦】

信任的力量

刚接手新班级时，我对每个学生都不了解。通过每天的作业本，我跟学生之间建立起一种无形的对话。有的孩子字迹工整，准确率高，作业赏心悦目，每天看到这种作业本，我格外有工作动力。

小慧就是写这种作业的孩子，我看了看她的升级测试成绩，数学成绩并不高，我暗自给她解释，应该是上次检测没发挥好。到了初四第一次质量检测，成绩出来后我又傻了眼，小慧刚刚及格，这个成绩和她平时写作业的质量根本不匹配。于是，我找来小慧，面对面坐下来谈话。

师：小慧，关于这次检测成绩，你怎么看？

慧：我让老师失望了，对不起……（开始抽泣）

师：我不是来兴师问罪的，我们一起来分析分析原因，为了下次考出更好的成绩。你认为成绩不理想的原因是否跟作业有关?

慧:我不是个诚实的孩子,不值得老师信任,每次遇到不会的题我都会在手机上搜答案,然后抄上去。看到老师在我作业本上的高度评价,我更是一发不可收,越来越依赖手机。

师:你想把最好的自己展现出来,说明你有一颗积极上进的心,当然值得老师信任。关于搜题软件,我们可以换个方式来利用它,如果你能在自己深入研究仍然不会的前提下去看解题方法,看懂了再自己写下来,那不就很好吗?老师信任你,希望搜题软件可以成为你的在线教师,也相信你的成绩可以很快提上来。

慧:老师,我知道该怎么做了。

第二天,小慧拿着作业本来找我,说明其中一道题是自己看搜题软件解的,她主动要把这个题给我讲解一遍。我在肯定她的同时,又在课堂上让她给全班同学讲了一遍。同学们响起了掌声,不停夸赞这个解题方法。小慧看了看我,我很默契地替她保守了秘密。

就这样,又持续过了几天,小慧又来找我,她说,面对同学们的夸赞她很不好意思,虽然自己真正掌握了解题方法,但毕竟不是自己想出来的,她既想得到鲜花和掌声,又暗自指责自己不诚实。我拍了拍小慧的肩膀说:"我信任你,终有一天,你可以摆脱手机,靠自己的实力找出好的解题方法。"她狠狠地点了点头。

一天数学课上,有一道难题,我问:"哪位同学能给大家讲解一下这道题?"只见小慧高高举着手,当她慷慨激昂地讲完了题,同学们又一次响起了掌声,今天的掌声格外地悦耳。

课后,小慧跟我说,她昨晚研究了很久,终于自己找到了很好的解题方法。我微笑着对她说:"我看人的眼光不会错,你不光能解出来,我觉得你做题的速度还会越来越快!老师信任你!"小慧开心地笑了。

转眼间,又一次质量检测成绩出来了,小慧得了优秀!我们再一次对视,看到的是互相信任的眼神。

(威海市第七中学　王亚平)

第 3 问：学生考试作弊，班主任该怎么办？

【老班难题】

学生考试作弊是我们会经常遇到的校园失信行为，如果处理不当，会对考试公平、学情反馈及学风产生严重的影响，进而影响学校整体的教学环境和质量。营造公平、公正的考试氛围是我们每一位老师的责任。那如何完善地解决这一问题呢？

【寻根究源】

学生考试作弊的原因不仅仅是学生本身的品质或诚信问题。这一现象是多方面原因共同导致的。

一、学生方面

1. 虚荣心理。学校、老师、同学、家长大都以成绩作为对一名学生的主要评价标准，因此在虚荣心和自尊心的驱使下，很多"学习能力不足""学习方法不对"或"日常懒惰"的学生会采取作弊的方式来提高自己的成绩。

2. 攀比心理。有些学生看见或听过其他学生因作弊而获利，觉得自己不作弊反而吃亏了，从而也采取了作弊的方法。

3. 义气心理。有的学生为交友而融入了不良的圈子，日常故意违反各种校规、校纪作为融入圈子的"战绩"。

二、学校方面

1. 学校或教师对学生的评价体系单一。学校或教师对学生的评价过分倾向于学习成绩，从而导致考试成绩对学生的影响极大。

2. 学校对待考试诚信问题没有明确且系统的监管方案。考试是学校检测学习质量的重要手段，也是下阶段教学的重要方向标。考试公平不能仅仅依赖于学生的道德约束，更应有完善的体系，如严格的监考体系、针对考试作弊的奖惩体系。

三、家庭方面

1. 家长的示范作用。诚信首先是道德标准的自我约束。学生道德标准的第一把关人是家长，家长的以身作则会深深地影响孩子。一些家长在生活中没有很好地起到以身作则的榜样作用，从而导致孩子道德标准较低。

2. 家长"唯分数论"的教育方式。很多家长不重视学习过程，只关注学习结果，并且会因结果的不同区别对待孩子，这就造成了学生对考试有过大压力，而本身能力又无法达到，从而走上了考试作弊的道路。

四、社会方面

社会大环境较为复杂，负面声音和网络信息传播较快、较广，例如插队、走关系、弄虚作假。初中生年龄较低，价值观在逐渐形成的过程，辨别是非的能力有所欠缺。部分学生通过接收社会层面的消极消息，最终形成了较低的道德标准，并对诚信理解有一定的偏差，不以诚信为荣。

【解忧锦囊】

在遇到学生考试作弊时，班主任不要立即进行劈头盖脸的批评和惩戒，而要细究其原因后，再进一步干预。事情发生后，要创造私密空间，平静地和学生沟通。重点围绕两个问题展开交流：一是学生考试作弊的原因，二是学生对本件事及其产生的后果的认知。老师在整个过程中的重点在于倾听和追问，对学生的道德标准以及作弊原因有初步的了解。

1. 如果是因为学生对考试缺乏正确的认识，班主任要召开相应的主题班会，真诚地与学生沟通，破解学生的不正确认识，让学生明确考试的真正目的是什么，不断鼓励学生正确对待考试。

2. 如果是学生的虚荣心作祟，班主任需要加强学生心理健康教育，召开相应的主题班会，不断地提高学生诚信考试的意识。

3. 如果是学校层面的原因，学校应该积极改变单一的评价方式，可以在班级中设置新的评价方式，例如通过小组积分将学生的特长、卫生、纪律等方面纳入综合评价体系，使学生的优点得到肯定。此外还要进一步完善评价体系及考试监管体系。

4. 如果是因为家长的"唯分数论"，就要加强家校间的交流沟通，转变家长的教育理念，使学生能够从家庭压力中解脱出来，正确、诚信地面对学习和考试。可以通过召开家长会的形式，传递正确的家庭教育观念，引导家长关注孩子全方位的发展,综合评价孩子,关爱孩子,修复亲子关系,做孩子价值观的引路人。

5. 如果是因为受到社会不良风气的影响,则需要加强学生"诚信"方面的德育教育,召开主题班会,引导学生形成健康的思想。并在考前进行诚信考试的主题班会,进一步强调考场纪律,进而矫正学生考试作弊的行为。

【案例聚焦】

作弊,仅仅是判零分就能解决的吗?

今天是全学科阶段检测的日子,正在准备安排学生去考场考试的我身边响起了一个声音。"老师,这题麻烦您给我讲讲。"班长拿着书来到我身边,随着我讲解的声音落下,班长边说着谢谢老师,边塞给我了一个纸条。纸条上写着:"老师,小程去教导处拿了语文考试卷子。"我收起了纸条,震惊之余还是让学生按部就班地到各个考场进行了考试。彼时我的脑子冒出了很多个问号。"偷卷子不是一般的作弊,这是真的吗?""如果是真的,这是计划已久还是机缘巧合?""这次也不是期末等大型考试,小程为什么不惜犯如此严重的错误?"我遏制住自己想要冲向小程面前揭发他的冲动,稳定心绪,觉得先去核实一下事情的经过。

我来到监控室,看了教导处走廊的监控和班级监控,发现小程到了教导处拿了备用钥匙,然后进入了屋内,而后快速锁门离开,一气呵成。可见这件事是真的,也是有计划的。那么现在就当众揭发并处分他吗?我想再等等,这一切一定是有原因的。

上午的考试结束后,我约谈了小程。我开门见山地问:"今天早上来学校以后,你都做了什么?""什么?!"小程愣了一下,没有回答我问的问题,但明显有些慌。我又重复追问一遍,小程嗫嚅道:"我去教导处偷了语文卷子……"我问:"还有其他学科吗?""没有。""有谁知道吗?""班里的小博、小钰、小木。""他们看了吗?""没有。"情况基本上跟我了解的相符,也让我放下了心中顾虑,好在这次事件影响范围不是特别大。于是我不再提问,开始等待,同时也思考接下来该如何展开。终于小程憋不住了,问道:"会如何处分我?停课一学期?回家反省?"这一连串的问题让我意识到小程意识到了自己问题的严重性，那他为何还要铤而走险呢？于是我缓缓张口："看来你知道这件事情是错的并且很严重，那为什么还要这么做呢？"在我后续的层层追问下，小程仿佛打开了话匣子。"为了考个好成绩。我爸妈天天说要我进步，说我在假学，说我这么个成绩差他们当初差远了！我上了初三一直在这个名次转圈，他们天天丧着脸，只有初一、初二我进步时才露个笑脸！我小学都不怎么上学，成绩一直都是倒数后两名他们都能接受，上了初中进步到中游水平了，他们反而不接受了！上次他们都说实在不行就让我去当工人，他们应该是不管我、放弃我了。我上学期试了各种方法，可是就是背不下来，成绩就是无法再进步。我那群校外的朋友有一个是某中的，他上次就偷了卷子考了好成绩。我知道中考肯定打回原形，但舒服一会是一会。"……通过与小程的这次交流，我发现这次事情的发生可能是多方面的原因，有学生本身价值观的问题，有家长价值观问题，有亲子沟通问题，有伙伴引导问题，有学校管理问题。我觉得先从学校管理和家庭教育入手一层层地解决本次问题。

一、学校沟通，完善管理

我汇总了事情的起因、经过及造成的影响范围，同分管校长进行了汇报，发现了试卷管理过程中的漏洞。部分学生因曾帮助老师取东西，知晓备用钥匙的位置，因此给了学生这次可乘之机。学校由此次事件也及时地堵住了漏洞，防止日后同类事情的发生。

二、家校沟通，搭建亲子桥梁

通过和小程的沟通及前期对其家庭的了解，我发现对小程价值观形成影响最大的是小程的父亲。小程非常期待得到父亲的认可和肯定。因此本次我约谈了小程的父母。我首先把这件事的经过和小程的父母进行了陈述，让其父母谈了谈自己的看法和想法，而后又将事后和小程沟通的内容同小程父母进行了陈述。小程父母听了小程的说法的第一反应是这都是小程给自己找的说辞和理由，明明父母那么关心他，怎么会天天对他不好。父母的反应也在我的预期中，因此我先肯定了父母对小程的爱，相信天下的父母都是爱自己孩子的，这是毋庸置疑的。在此前提下，希望他们考虑一下，既然这么爱小程，为什么小程感受不到呢？后通过进一步摆事实讲道理，让小程的父母意识到日常和小程沟通中的一些问题，也让他们关注平时自己言行对小程的影响，并向他们介绍了一些亲子沟通方法、书籍等。

在和小程的父母沟通完家庭教育方面的问题后,我将学校对小程本次行为的处分决定及后续的处理方法跟他们进行沟通,得到他们的支持,共同商讨了后续家校共育的路径。

三、尘埃落定,第二次师生沟通

得到家长的支持后,我准备开启和小程的第二次沟通。沟通的目的在于告知小程处分决定并希望他真正意识到自己的错误及诚信考试的重要性。

见面后,我问小程:"拿到自己考试成绩开心吗?"小程表示没有想象中那么开心和享受。"是不是一直在思索自己不作弊能得多少分?"我追问。同时我让他换位思考:"如果这次偷试卷的是之前成绩不如你的小刚,后来他这次成绩比你好,你信服吗?他说他只拿了语文卷,但其他科考得也不错,你信是他自己答的吗?以后还会把他当作成绩的对比和参考对象吗?如果身边有好几个同学都是这样取得的好成绩,你还会踏踏实实地学习吗?会不会心里不舒服?"这一系列问题,小程思考良久,然后意识到了自己拿到成绩后并没有想象中那么开心的原因,也意识到了这次看似只是自己作弊,对班级的班风和学风仍有很大的影响。

最后,我也和小程公布了学校对他的处分决定,表示做错事就应承担相应的后果,我也相信他能改正,因此表示不会在公开层面上宣布对他的处分和整个事情的经过。

四、巧借家长会,传递观念

受这次事件的启发,我利用家长会时间,和家长共同学习了家庭教育及亲子沟通的理论和方法,希望能引导孩子和家长共筑诚信价值观。

当然,每个学生作弊的原因不同,有不同的问题等待我们去解决,望我们都能静心倾听每一个孩子的声音,帮助其开出不同的花朵。

(威海市实验中学　马燕飞)

第 4 问：学生上课走神，班主任该怎么办？

【老班难题】

有的学生课下生龙活虎，但一上课就走神。老师说打开课本，他慢腾腾地找不出来；老师的习题讲到反面了，他还盯着第一题；同学们都在整理笔记，他写了几个字就开始描课本插图……长此以往，学习成绩自然下滑。面对喜欢走神的学生，班主任应该怎么办呢？

【寻根究源】

一、学生方面

1. 外界环境的干扰，例如窗外有户外活动或比赛，或学生不会收纳物品，桌面上的东西太多，分散注意力。

2. 学生喜欢随时和周围的同学分享自己的各种发现，如好玩的插图、老师的口误、对发言同学的评论。

3. 学生对相关学科没有学习的兴趣，或已经和大多数同学产生了较大的差距，出现了跟不上甚至听不懂的情况，自我放弃。

4. 学生在课余时间过度娱乐，如看小说、听音乐、玩游戏、刷视频、画漫画，导致上课时依旧沉浸其中。

5. 学生在和家人、老师、同学等的交往过程中出现了影响情绪的情况，并将这种情绪带到了课堂上，以至于上课时还在想着自己的事情。

6. 疲劳、生病等不良的身体和精神状态导致学生的注意力不能集中。

二、教师方面

1. 如果班级大多数同学都走神，可能与教师的讲课风格或者方法有关系。

2. 如果是个别同学走神，也有可能与学生不喜欢任课老师有关系。

三、家庭方面

1. 家庭关系紧张导致学生无心学习。

2. 父母对学生的学习过分关注，导致学生学习压力大而无法集中注意力学习。

3. 父母的忽视让学生丧失学习热情。

【解忧锦囊】

一、学生方面

1. 针对桌面物品凌乱分散注意力的问题,班主任不妨在班级统一规定学生上课时的桌面物品摆放规则,如只摆放课本、练习册、笔记本和笔,课代表上课前进行检查,任课老师候课时应重点关注容易走神学生的桌面。班主任还需要积极和家长沟通,取得家长的支持和配合,让家长在家中也尽量做到每天孩子做作业前先和孩子一起将桌面收拾整齐,排除干扰。

2. 学生喜欢上课时和周围同学说话,班主任可以通过调换座位等方式尽量不让喜欢聊天的学生"聚堆",也可以通过给学生安排特别岗位(如负责课堂加减分、记录同学课堂表现)让学生有成就感地"忙起来"。

3. 培养学生对学科的兴趣。营造及时肯定、积极探究的氛围,组织学生感兴趣的教学活动,消除学生对学习的抵触心理,使学生对学习充满兴趣,愿学、乐学、善学。班主任也可以本着"亲其师,信其道"的原则,时不时地告诉学生任课老师的"厉害之处",让学生从喜欢任课老师开始,喜欢上他们的课。

4. 上课回味小说的剧情,上课琢磨网络游戏……天马行空的思绪会让学生上课时很容易走神。家长可以让孩子把喜欢的娱乐放到周末和节假日,对娱乐内容和娱乐时长也要留心,还可以多带着孩子进行户外活动,让孩子多余的精力得到更好的释放。

5. 青春期的学生非常敏感,一旦处理不好人际关系,难免产生不良情绪,沉浸其中,无法在课堂上集中精神。班主任首先要帮助学生树立"先爱自己"的意识,让他们知道无论遇到什么情况,自己的学习和成长要放在第一位。接下来就是积极为学生提供方法,帮助学生解决与家人、老师或同学之间存在的问题,让学生早日摆脱影响,安心上课。

6. 制定学习目标,培养学生的意志力。班主任可以指导学生制定学习目标,调动学生的学习积极性,激发其对学习的兴趣。

7. 引导学生养成良好的作息习惯。让学生理解充足的睡眠是保证第二天高效学习的前提条件,建议学生制作一份作息时间表并严格遵守,让学生不要因为学习压力而挑灯夜战。

8. 及时关注学生的身体状况,配合医院专业医生进行治疗。

二、教师方面

1. 如果班级大多数学生都走神,教师需要改进教学方法,提高课堂趣味性。教师可以把握课堂节奏,结合学生注意力的特点和时间规律,改善课堂教学设计,如使用学生感兴趣的素材,加入和教学内容相关的小活动,提高课堂趣味性,从而更好地吸引学生的注意力。

2. 如果是个别学生走神,班主任需要和学生沟通和交流,让学生感受到任课老师的人格魅力,建立良好的师生关系,从而提高课堂效率。

三、家庭方面

1. 与家长沟通和交流,让家长意识到不和谐的家庭关系会影响孩子,让家长努力给孩子营造一个和谐温馨的家庭环境。

2. 努力调整家长的观念和想法,降低家长对孩子的学习关注度,让家长松弛有度地关注孩子的学习。

3. 与家长进行沟通,引导他们更多地关注孩子和陪伴孩子,让孩子在父母的陪伴下充满热情地学习。

【案例聚焦】

批评埋怨,不如授之以渔

一个周日中午,我接到了小泽妈妈的电话,她向我哭诉,自己为了孩子辞职在家全心陪伴,结果一场考试下来,孩子退步很大,多科不及格,数学才考了二十来分。小泽妈妈说:“他对得起我的辛苦付出吗?太不像话了!”

我想,此时对小泽来说,比批评和埋怨更为重要的是找到成绩退步的原因。于是,我向小泽妈妈提出了我的想法,得到了她的支持与感谢。

周一,我分别向各科老师了解了小泽近期的学习状况。这时我这才惭愧地发现,可能由于我是班主任,所以小泽在我的课堂上表现不错,没想到各科老师的回复基本都是“上课不专心”。上课不专心,那他都在干什么呢?我想要一探究竟。于是我以听课为名,“明目张胆”地坐在了小泽斜后方的过道上。

经过两天对全学科课堂的观察(有的学科甚至听了两节课),我发现班里学

17

生或多或少存在着上课做小动作、跟不上老师讲的速度的情况,但是小泽尤为明显:英语课上,老师已经讲到阅读题,小泽还盯着第一道选择题出神;地理课上,同学们的笔记已经整理到下一题了,他还在"沉浸式"抠橡皮;数学课上,老师问了他最简单的基础性问题,他站起来"理直气壮"地说不会,老师让他重复问题,他也说不出来……

于是,我先给小泽换了座位,由最右侧的正数第三排调换到讲桌前的第一排。我以为他换了座位后状态就会改善,结果他还是老样子,甚至因为被各科老师频繁点名而有些自暴自弃。这让我又一次产生了愧疚——不仅没能帮到小泽,还起了反作用。看来解决问题不能只看表面。

我再次认真地分析了他的各科成绩和日常表现,与小泽进行了一次有针对性的"访谈",给他介绍了两种提高课堂注意力的方法,也得到了小泽妈妈的大力配合。

一是学习之前先"打扫战场"。上课时桌子上只允许出现课本、练习册、笔记本各一本,黑笔、红笔各一只。其余文具放在笔袋里,笔袋放在储物柜里,非必要不去拿。由此避免再度出现上课抠橡皮、玩胶带之类的情况。在家写作业之前也是同样的整理规则,由小泽妈妈协助提醒。

二是将笔记做得"多多益善"。当我指着小泽白花花的数学卷子(老师已经讲完了,但所有的题目都没有过程,只抄了答案)问他为什么不订正时,他说他都听懂了……这时再怎么生气也于事无补,于是我直接向他布置了"任务"——以后大屏上和黑板上板书的所有内容都必须抄好。每天课后服务的时候我会随机抽同学们不同学科的课堂笔记或作业订正来看,事先约好每天都会有小泽。

方法交代了,怎么落实又是一番苦功。我第一天晚上就以钉钉信息的形式向小泽妈妈描述了小泽的良好表现,此后也"安排"其他任课老师在他做得好的时候面向全班进行表扬,哪一次做得不到位我再私下"扮黑脸"。转眼间过去了两个星期,为了不让小泽"消极怠工",我又悄悄地为他做了两件事。

首先,我发现语文和历史是小泽所有学科中学得相对较好的。小泽表示自己家里有很多书,他喜欢读鲁迅,也爱读各类历史故事。于是我和历史老师协商,让小泽当历史课代表,让他负责记录历史课的课堂表现。我也在语文课前小讲堂中安排他分享读书心得。目前看来,小泽学习这两科的劲头很足,上课也听得非常专心。

其次，小泽的数学基础太差，我便和数学老师商量，以后凡是给需要补课的艺体特长生（他们每天早晚训练会落下功课）"开小灶"的时候，其他基础较为薄弱的同学想参加的话也可以申请加入，再学习一遍。其实我也知道，小泽不会主动申请，但是架不住他的几个好朋友都是需要补课的特长生，我稍一暗示，他们每次都会把小泽叫上，一起讨论，相互讲题，这样既自然又有效。

都说好习惯的养成至少需要 28 天，但其实想要真正地改变并非易事。我和任课老师所能做的就是根据学生的发展不断地调整策略。通过我和小泽妈妈的几次沟通，她也转变了对小泽的管教方式，慢慢用清楚的指令和要求代替了批评和埋怨。对于小泽而言，知道做什么、明白怎么做就是他集中注意力、不断取得进步的开端。

（威海市第十中学　周璐）

第 5 问：学生上课不愿回答问题，
班主任该怎么办？

【老班难题】

任课老师经常向班主任反映：上课提问就像"挤牙膏"，老师让集体回答，全班没几个学生张嘴；让举手回答，参与的学生更是寥寥无几。有的学生躲在课本后面，有的学生低头垂眉，有的学生眼神空洞，有的学生一脸茫然……课堂气氛沉闷，效率低下，而且随着年级的升高，这一现象更加明显。作为班主任，我们应该怎么办？

【寻根究源】

一、学生方面

1. 知识上：问题太难，学生不会回答。

2. 能力上：内心明白，但是口语表达能力差。

3. 心理上：自尊心强，不想出错，担心别人的负面评价；自信心不足，不敢在众人面前表达自己的想法。

二、教师方面

1. 问题设置上：问题难度太大，学生不会；问题指向性不强，难以理解；给学生的思考时间过短。

2. 教师评价上：学生回答完问题后，教师没有给予及时、肯定的评价，学生得不到激励，缺乏表现欲望。

3. 教师个人风格上：过于严厉或讲课方式死板、内容枯燥，学生不愿回答。

三、家长方面

家长管教过严，孩子在家庭中没有话语权，不敢发表言论。

【解忧锦囊】

一、学生方面

1. 针对学生知识上存在的问题，可以培养学生养成预习、复习的学习习惯，因为只有对知识灵活掌握，才能灵活应用，跟上老师的思维，让自己快速组织语言和表达观点。

2. 针对学生能力上存在的问题，可以通过课前五分钟展示等形式锻炼学生的口语表达能力。也可以对学生提出具体要求，如当老师提问时，学生在没有组织好语言的情况下，不要闭口不言，而要主动告诉老师自己的完成情况，越具体越好（比如已经想到哪一步了，或都想到了哪些内容）。

3. 针对学生心理上存在的问题，一是可以鼓励营造友善氛围，让学生在同学回答问题时认真倾听，如果同学答得不对或者需要补充时，应该主动帮助同学，持合作互助的态度，而不是得意轻蔑的态度。二是可以进行正面强化，如通过班级日志等形式记录每天积极发言的学生及表现，进行表扬，在班级营造鼓励积极发言的良好氛围。

二、教师方面

1. 如果是问题设置的问题，教师提问时可以根据问题难易度分层提问。设置问题要具有导向性，比如哪些适合集体回答，哪些适合单独回答，让每一层次的学生回答"跳一跳能够得到"的问题。对于害羞或自信心不足的学生，教师要多观察他们，根据他们平日的细微表现多鼓励他们，让他们不畏惧老师。

2. 如果是教师评价的问题，可以采用小组制的方式，根据问题难易程度，让不同小组水平相当的同学抢答，结合小组积分、教师奖励等方式激发学生思考问题、解决问题、主动表达的积极性。

3. 如果是教师个人风格的问题，可以与严厉的老师沟通，希望老师能多鼓励、表扬自己的班级。面对课堂吸引力不强的老师，可以含蓄地建议老师遵循学生青春期心理发展特点，尽量在学生注意力集中的时间用一些视频、图片、故事、PK 回答问题等形式吸引学生眼球。

三、家长方面

家长可以给孩子创造说话的机会，鼓励孩子大胆说话，并给予适当的肯定。每天可以固定时间如回家路上、饭桌上或临睡前让孩子讲一讲学校发生的事、自己的看法。也可以根据孩子的兴趣、特点，多组织同龄孩子的社交活动，如社区活动、志愿体验活动，拓宽孩子人际交往的范围，增加他们主动表达的机会。

【案例聚焦】

创设"有话说"的环境，教会"如何说"的技巧

今年我第一次任教初四级部，早就听说初四学生上课读都懒得张嘴，更别提回答问题了，这次真真切切感受到了。他们的学习模式是只听、只看，不说。这让我经常上课"一言堂"，自问自答。如何让他们主动参与课堂互动，让多种感官共同作用于学习，消除尬聊？我做了各种尝试。

一、优化教学设计，吸引学生眼球

初四的学科学习任务紧，老师们都急着赶进度，学生学习压力大，如何调节他们只顾"低头赶路"的学习节奏，让学习出现波峰，主动"抬头问路"？我广泛搜集与学科知识相关、贴近学生生活的素材，包括视频、图片、人物故事等，取代一些比较枯燥、过时的素材，在他们注意力即将分散的时候出示，让学生重新

"对焦",抓住他们的注意力,在让他们看这些"吸睛"的素材之前先抛出相关的问题,能大大提高他们的课堂参与度。

二、培养优秀学生,发挥引领作用

每个班级都有思维比较活跃的学生,但是有的学生性格内敛,心里虽有答案但不愿在众人面前展现。我找到几位"种子选手",了解他们内心的想法,告诉他们口语表达能力的重要性。让他们形成相互竞争的对抗组,"逼自己一把",每节课都要至少回答一次问题,在小组讨论时负责带领小组同学进行充分交流,进而在全班形成一种"勤于思考、善于交流"的大氛围。

三、点明思路,教授方法

很多学生不回答问题是因为不会组织语言,无法形成有逻辑的表述,有时啰唆重复、抓不住重点,有时答非所问。所以我训练学生首先要学会审题,圈画关键词,然后结合所学知识要有"采分点"意识,确保表达的有效性,学会常用句式,比如回答观点类题目,可以说"我认为这是错的,因为……";回答意义类题目,可以说"……有利于……";讲题时要采取固定的逻辑,先说题目的主题词,再说根据什么线索找的答案,最后说答什么。

四、提高音量,练习胆量

每节课前背诵知识点时,我要求他们站立大声背,我巡视时走到学生旁边必须听到他们的声音,否则就要驻足单独提问。提问时采用 PK 赛,如每人背一条进行接龙、男听女背、女听男背,变换形式训练他们大声背诵,看谁背得清楚又准确。时间一长,形成习惯,他们回答问题时的音量就有所提高。

五、日常激励,增强自信

抓住学生日常学习、生活中的闪光点,多表扬典型,少当全班面批评个别,让学生在集体中感受温暖、树立自信,同时拉近与老师的关系,在全班创设一种积极、安全的班级氛围。我抓住每天午饭后的时间,给学生提供一个 2～3 分钟的展示时间。学生通过展示才艺,可以提高自信心,同时也能缓解学习上的压力。

(威海市第七中学　周晶)

第 6 问:学生在课后服务中学习效率低下, 班主任该怎么办?

【老班难题】

鲁迅曾说:"生命是以时间为单位的,浪费别人的时间等于谋财害命,浪费自己的时间,等于慢性自杀。"随着"双减"政策的实施,学校实行课后服务,除了开设丰富多彩的特长辅导活动以外,很多学生会选择参加课后服务,由老师指导完成当天的作业。可是,有的学生将课后服务时间当成了休息和放松时间,不知不觉中时间便从指缝间溜走了,课后服务学习效率低下。作为班主任,我们该怎么办呢?

【寻根究源】

1. 学生学习时间长,得不到有效的休息。学生经过一天的学习,精力消耗巨大,面对课后服务,精力不足,导致效率低下。

2. 学生没有根据自己的实际情况去安排学习规划,被动地跟着别人的节奏走。

3. 没有合理利用资源。课后服务时,老师、同学都是可供选择的资源,很多学生不善于合理地运用,遇到难题时不好意思表达,亦不会求助。

4. 心态因素的影响。很多学生因为自己的学习效率不高,就自暴自弃。还有的学生觉得偏科的科目很难补上,自信心不足,从而影响效率。

5. 学生对课后服务的学习内容不感兴趣或者兴趣不高。

6. 学生没有计划,总是写到哪里算哪里,学到哪里算哪里,所以对时间的利用不够高效。

7. 学生注意力不集中,总是被老师辅导其他同学的声音影响,不能专注于自己的事情。

8. 缺少必要的监督机制。课后服务有时学生要合班,或者辅导教师不是自己班的任课老师,打乱了班级中原有的班委负责机制、小组管理机制,学生缺少监督,又没有自我监督能力。

【解忧锦囊】

1. 呼吁家长给孩子们准备易消化的、能快速补充能量的食物,让学生在课后服务前快速补充能量。

2. 利用课后服务的前5分钟梳理作业,根据自己的情况和老师的建议,简单制订学习计划。把握好自己的节奏和目标,不要受其他同学的干扰,要有自己的目标和计划。

3. 集中利用资源优势解决自己遇到的问题。三人行必有我师,有时候最好的资源就在身边,要让学生善于向老师、同学求助。

4. 适当反思,思考学习状态和学习习惯之间的关系。基础较差的学生可以根据自己的特点,先完成自己擅长的学科,再做其他学科,增加信心;作业完成速度比较快的学生要善于培优补差,让自己拥有优势学科,避免偏科,养成良好的学习习惯。

5. 培养自己对每个学科的兴趣和学习的责任心,以此来克服自己对某些学科的不感兴趣、不重视。

6. 制订个人学习计划表,简单标注作业和完成的顺序,依照顺序形成任务清单,每完成一项任务后打钩。同时,设计好每项任务的完成时间,如果在自定时间内完成,则允许自己放松5分钟作为奖励。

7. 集中注意力。通过深呼吸等方法,快速将注意力转移到目前的作业上来,避免浪费时间或者学习节奏拖沓。

8. 寻找互助伙伴,可以让老师或者同桌担任自己的监督员监督自己,在自己走神或者注意力不集中时给予自己适当的提醒。

【案例聚焦】

学会时间管理,高效课后服务

"老师,小妍周末可能吃坏东西了,我想给孩子请个假去看看医生,今天让她在家休息一天,可以吗?"

初一开学还不到一个学期,连续几个周的周一早晨,我都接到了小妍妈妈类似的电话。在这之前，我只是发现学习成绩优异的小妍每到周一作业质量就大打折扣，不仅数量不够，写了的那部分质量也不如平时。她平时课后服务时学习的状态和效率也不高，平时晚上的作业勉强能完成，一到周末就"放飞自我"了。

在故事中共情

小妍的烦恼孩子们或多或少都会遇到，即便成年人也常常被短视频带来的肤浅快乐所困，被拖延带来的暂时性享受所扰，消解了意志力，耽误了正事。周五的班会课上，我有意无意地和孩子们聊起了周末的安排。"这个周末天气不错，大家有没有外出游玩欣赏大好秋景的计划？"孩子们一听，兴致勃勃，小博第一个举起了手："老师，我妈说带我去里口山玩。""我们一家人和小学同学一家约好了去羊亭湿地公园野餐。"小磊兴奋地喊着。"老师太羡慕你们了。上个周末我看着朋友圈大家晒出的秋景图，也想出去赏赏秋景放松放松，可是，最终不仅没赏到景，反而大哭了一场。""怎么了，老师？"孩子们满脸疑惑，关切地问着。我一边叹气一边给孩子们讲起了自己上周末的亲身经历。

"唉，其实这都怪我自己。我每个周末都要写一篇 3 000 字左右的文章，我觉得时间比较充裕就很懒散，写几行字就想看看手机，忍不住把微信、钉钉、QQ翻了个遍，结果一不小心半个多小时就过去了。早晨起得本来就晚，拖拖拉拉就到了午饭时间，吃完午饭，睡个午觉，吃点水果……最终我磨蹭了一天也没写出一篇像样的文章。到了傍晚，我才意识到这一天就要结束了，荒废了时间。秋景赏不成了，文章也没写好，悔恨万分的我大哭了一场。"孩子们用同情的眼神看着我。心直口快的小乐说道："老师，原来你也管不住自己呀！"孩子们哄堂大笑。"老师也是普通人，大家遇到的烦恼老师也会遇到，你有过老师这样管不住自己的经历吗？"几乎所有孩子都点了头。

小妍坐在后排，胆怯地向全班扫视了一眼，警惕的心安放下来。"既然大家都有这样的烦恼，连老师都不例外，那我就不是特殊的那个，我可以放心地和大家讨论了。"共情的力量为提高接下来讨论的参与度做好了铺垫。

在讨论中思考

"我可不想这么过了。同学们能不能帮老师出出主意，怎么样才能把握好时光,既让我写完文章又能赏赏秋景呢?"

"老师,你可以集中一段时间写完文章,写完就可以痛痛快快地玩了,想去哪里都来得及。""老师,我妈妈说这叫先苦后甜。"小丽说完,小亮补充道。"哦,先制订个计划,把自己的时间合理安排好,进行自我约束。"

"老师,你可以给自己设定个看手机的闹钟,比如看 20 分钟,闹钟一响,立马停止,开始写文章。""嗯,合理地限制娱乐的时间,这样我就不会浪费那么多时间了。"

"其实还可以这样,老师,就是限定自己写文章的时间,定个闹钟规定自己在这 20 分钟内必须集中注意力,如果做到了就奖励自己休息 5 分钟,还可以设置额外的奖励。我妈妈就是这么奖励我的。"

"老师,你可以把手机锁起来,或者交给别人看管。平时都是妈妈为我保管手机。"

"老师,3 000 字太多了。您能不能平时每天写一点,这样就不至于被这 3 000 字吓倒了。""是个好主意。"大家陷入了沉思,这时,学习委员小萱说道:"老师,您把完成任务的最后期限调整一下,可以周五晚上完成,这样您就拥有两天完美的假期啦。""小萱每个周末是不是都会拥有两天的完美假期?""差不多吧,老师,有时候也不能。"

在监督中执行

"其实大家说的这些方法有些老师也听说过,可我就是怕管不住自己。""老师,我可以监督你。我给你打电话,问你写完了没有。"建议我一上午完成任务的小丽说道。"那太好了,为了不丢面子我也得写完。"有了监督老师的机会,孩子们异常开心。

"大家讲了那么多好方法,可一回到家还是免不了放松自我要求,咱们怎么样才能把今天讨论的严格执行呢?同学之间可不可以相互监督、共同进步呢?"

"老师,咱们刚刚不是进行了'小鱼银行'活动吗?每个同学都总结了观察对象的表现,写的都是积极的方面,我们把观察的视角延伸到课后服务时间,怎么样?""老师一下子觉得有了好多同伴,咱们学习科目比较多,建议大家把写作业计划提前定好，在学校里做哪些科目，回家后做哪些。另外，老师建议大家把刚刚整理的时间管理方法的便利贴贴到书桌上。"

我在班级文化墙上专门开辟了一角，每周评选时间管理小达人。这一角无时无刻不在提醒我们生活需要秩序，什么事情都应该有时间限制，要学会正确处理休息时间和学习时间、个人时间和集体时间，要做时间的主人，劳逸结合，享受高效的课后服务时间。

（威海市第七中学　王丽娜）

第 7 问：学生缺乏干劲、"摆烂"，班主任该怎么办？

【老班难题】

近年来，"摆烂"的学生似乎有增多的趋势，具体表现为：学不进去，缺乏学习动力；不知为何学习，学习没有目标；没有自信，不相信自己的学习能力。这种情况让很多班主任头疼。沿用传统的教育方法，不论是反复督促，还是批评奖励，甚至诉诸前景，似乎都难以奏效；或是对有些学生有效，但对大部分学生收效甚微。

【寻根究源】

学生之所以想要"摆烂"，主要有如下原因。

一、主观原因

1. 学习的目标感不强。不知为何而学，没有目标，学习动机不强，对学习产生无力感，选择放弃努力。

2. 学生的自我效能感偏低。自我效能感指在学习或活动的过程中完成任

27

务的胜任感。一个学生,如果自我效能感持续偏低,那么便会出现消极应对学习的情况。

3. 学习兴趣较弱、学习态度较差、学习方法不正确等综合因素的影响,导致学生在学习中出现障碍和困难,进而选择"躺平"。

二、客观原因

1. 缺少正向反馈。学生学习时缺少来自家长、老师和同学的必要的正向反馈,长此以往就会打击学习的积极性,从而缺乏持久学习的动力。

2. 受不良情绪的影响。有些学生容易受周围环境、人际交往等因素的影响,无法安心学习。

【解忧锦囊】

1. 引导学生确立恰当的学习目标。班主任可以利用班会时间,用名人故事等引导学生,使学生思考人生价值以及如何制订切实可行的计划去追逐自己的目标。让学生做到高目标、低要求,把大目标化解成可胜任的小目标。

2. 引导学生建立自我效能感。班主任要引导学生多发现同学的优点,鼓励、引导学生发现自己的优点。不论是出现新的学习任务,还是学生在遇到新的困难的时候,教师都要及时对学生进行称赞,让学生不断树立自信。在一个阶段的学习任务结束后,教师要针对不同的学生给予客观中肯的评价,使学生逐渐建立自我效能感。

3. 引导学生培养积极的学习态度,教会学生必要的学习方法等。在教学的过程中,教师要借助各种途径引导学生进行体验与反思,使学生体会到学习态度、学习方法的重要性,从而使学生主动、自觉地学习和运用学习策略。

4. 及时对学生进行正向反馈。我们想要学生更好地发展,就要多给其正向反馈,使学生能够在阶段的反馈中不断调整自己。

5. 及时觉察学生的不良情绪。班主任是学校里最了解学生的人,当我们发现学生受到不良情绪侵扰时,我们应该主动走近学生,及时辅助学生自我疏导,从而使学生早日摆脱不良情绪。

【案例聚焦】

"细水长流"化"摆烂"

开学伊始,我接手了一个新的班级,小Z给我留下了深刻的印象。她每天早上都背着个瘪瘪的书包,吊儿郎当地走在走廊里;走进教室,她也是心不在焉的,趴在课桌上犯困。在一次班会课上,我让同学们写一段有关自己目标的话,小Z写了这样的一段话,让我大为震惊:"我真的想做一头猪,不用努力就有吃有喝,虽然生活环境脏乱差,可是什么也不用干的日子想想就舒服。我下辈子转世投胎,再也不当人了,太辛苦了!上学、考试,想想就头疼,还是静静地做一头猪吧!"

为深入了解这个学生,我与她之前的班主任和其他任课老师沟通,也与班级其他同学和她的家长进行了交流,发现她的问题主要集中在几个方面。

第一,小Z学习习惯不太好,学习内动力不足,导致学习拖延、生活散漫,缺乏主动性。

第二,小Z对于初四紧张的学习方式不太适应,加之科目难度增大,她又不会合理规划,因而学习吃力。

第三,小Z父母工作较忙,没有时间陪伴她,对她缺乏引导,但对她的成绩要求又比较高,导致她学习压力很大,心理焦虑,身体也经常出现不适。

以上种种原因导致小Z越来越缺乏自信,对学习也失去了兴趣和期待,成了老师们眼中的学困生。

借力主题活动,激发学习内动力

除了小Z,我发现班级中这种"学不进去,想要摆烂"的学生似乎有不断增多的趋势。为了帮助这些学生尽快适应初四的节奏,我与任课老师智慧众筹,开展了"清泉合伙人成长计划"活动。

在活动中,我们帮助学生制定目标、成立合伙人组合。制定目标时,我根据学生实际进行一对一引领,遵循精准适切、可操作、可量化的原则,帮助学生找到适合自己的计划和目标方向,而组合的合伙人既要懂得合作互助,又要能够相互督促、共同进步。

小Z制定的目标是提高听课效率,改掉作业拖延,学会时间规划和自我管理,养成科学合理的学习和生活习惯。她的合伙人是小 R,品学兼优、乐于助人,正好和小 Z 互补。她俩成为同桌,一起讨论问题、找老师答疑辅导。

很快,小 Z 适应了初四的节奏,早晨到校的时间提前了很多。她的生物钟也慢慢恢复了正常,上课不再迟到、打盹,专注度和课堂效率随之提高了。老师和同学们都说小 Z 和开学初判若两人,比原来更从容、更快乐了。其他学生也都在老师的精准帮助下确定了努力目标,找到了志同道合的合伙人,同伴之间相互提醒、督促、鼓励,携手在各自的目标跑道上一起进步,整个班级充满了正能量。

联手家长,缓解心理压力

父母的严格要求与陪伴缺失导致小 Z 心理压力很大。她在期中考试之前十分焦虑,身体也出现了不适,经常请假不参加课后服务。我给家长打电话反映情况。小 Z 妈妈淡定地说:"没事,她一直就这样,可能是考前紧张导致的,考完试就没事了。"对此,我还是不放心。于是,我建议妈妈带小 Z 去做检查。检查后得知,小 Z 是神经性肠胃痉挛,一方面是饮食不当引起的,另一方面是学习压力大、情绪紧张造成的。如果不能及时帮孩子疏解压力的话,她的发病次数会越来越多,症状也会越来越严重。

小 Z 妈妈终于意识到自己的错误,开始反思自己:平时只想着严格要求,却很少真正陪伴和关心孩子,每次看到她成绩不理想时就控制不住自己的坏脾气;每逢考试时,孩子就说睡不着觉,浑身难受,自己不但没有给予关心,还怀疑孩子故意逃避考试。后来,小 Z 妈妈开始平衡自己的工作和家庭,无论多忙,她每天都会抽出一定时间来陪伴孩子。此后,小 Z 的心理压力减轻了许多,对学习也不那么排斥了。

巧借闪光点,培植自信心

人性最深切的需求就是渴望别人的欣赏。小 Z 仅仅是一个十几岁的孩子,由于缺少欣赏和鼓励,她在学习上越来越不自信,甚至自暴自弃。只有帮助她品尝成功的滋味,她才能充满信心地迎接更多的挑战。

一次学校运动会让我找到了对她的教育契机。小 Z 从小就喜欢运动,长跑是她的最爱,在学校秋季运动会上,她报了两个项目——400 米跑和 4×50 米接力赛。赛场上，她目标坚定，充满信心，在同学们的鼓励声中取得了400米冠军；在4×50米接力赛中，她漂亮地接过最后一棒，再次目标坚定地冲向终点，同学们都向她投去了赞赏的目光。

运动场上，小Z矫健自信的身姿、坚忍不拔的精神、荣辱与共的集体荣誉感，让我真正看到了她阳光自信的一面。作为奖励，我送给小Z一本《杰出青少年的七个习惯》，上面有我的寄语——"相信自己，争做舞动的精灵！"得到认可的小Z很开心。之后，我又不失时机地与她谈自律、谈规划、谈习惯、谈未来，希望她能在这次成功体验中燃起积极向上的热情。我相信小Z的改变只是时间问题。

私人订制，持续给予助力

当学生取得成功后，因成功而产生的自信心可以成为其追求新目标、新成绩的强大动力，我要做的就是帮助她把这种动力迁移到学习上来。因此，在课堂上，我会故意将一些简单的问题留给小Z，刚开始她还没有勇气举手，在鼓励中，她慢慢有了表现自己的欲望，同学们也会自发地给她鼓掌以示鼓励。

一段时间后，小Z在学习上变得主动了，开始举手回答一些简单的问题，放学后也开始主动找老师问问题了。在布置作业时，我也努力做到因材施教，给她布置个别化作业，适当降低难度，让她通过努力就能完成。随着她的不断进步，我不断调整作业数量和难易程度，并利用课余时间对她一对一指导。

就在一切往好的方向发展时，一次考试又将小Z的情绪拉到谷底。小Z自认为比之前更加努力，她将所有希望寄托在阶段考试上，没有想到排名依然是班级倒数，她觉得自己的努力又化为了泡影，情绪一落千丈。根据这一情况，我决定调整策略，把对小Z的激励放在日常的规划与监督上。

我让小Z制订一个"细水长流"计划，不仅包含学习计划，更有生活、体育锻炼计划；每完成一个计划在上面打钩；每周与我分享完成计划的感想。我也会也常常评估小Z的情况，调整策略。在评价方式上，每天除了当面表扬她之外，我还设计了专属于她的"鼓励小笑脸"——只要她在课堂上主动回答问题了、作业进步了、考试前进了，我随时都给她画小笑脸以示鼓励，小笑脸成了鼓励她前进的动力。3至4个周期之后，小Z渐渐在日常学习中体会到成就感，也明白了该如何提升自己。

教育是"细水长流、不断重复"的过程,老师的鼓励和认可能够给予学生持久的助力。小 Z 现在已经养成了主动学习的好习惯,逐渐自信起来,每天脸上都洋溢着笑容。每个学生的潜力都是无限的,只要我们抓住契机,对症下药,相信每个学生都能重燃学习热情,自信地飞翔在自己人生的航道上。

(威海市城里中学　姜玉彦)

第 8 问:学生出现考前焦虑情绪, 班主任该怎么办?

【老班难题】

中考是学生学习生涯的转折点,他们将面临人生第一个岔路口,进行自己人生的第一次重要选择。因此,不论是学生、家长还是学校都会对学生的考试成绩格外关注。每个学生面对大型的考试,都会有一些紧张的心理,这是正常现象。心理学家认为,心理紧张水平与活动效果呈倒"U"字曲线关系。适度的心理紧张对学生的考试发挥有促进作用,产生良好的效果。但过度紧张则导致考试焦虑,影响学生考场表现,并波及身心健康。班里如果出现考前焦虑的孩子,班主任不要慌,应先分析原因再对症下药。

【寻根究源】

一、个人因素

1. 对考试认知不准确。部分学生对考试成绩的认知存在偏差,认为成绩决定了自己的未来,决定了父母对自己的爱,决定了自己在班级的友情等,给考试成绩赋予了太多的意义,影响了自己的生活,因此考试动机过强。这种对考试的扭曲认知是导致考试焦虑的根本原因。

2. 考试知识与技能准备不到位。部分学生考试前因各种原因导致知识准备不足或考试技能较差，且自己对这一情况有清楚的认知，因此对即将到来的考试信心不足，导致考前焦虑。

3. 个体期望值过高。有的孩子因太过看重整体或某科成绩，极度渴望获得高分，对自己有非常高的期待，进而过分紧张，最终产生焦虑。

4. 个人心理特质。神经系统较为敏感的人更容易焦虑。有的孩子属于易焦虑型人格，不仅对待考试，对待其他事情也容易"草木皆兵"。也有的孩子性格过于要强，对自我要求较为苛刻，因此面对超出自我把控的考试时，会表现出过分紧张，从而产生焦虑情绪。

二、学校因素

1. 班级和学校的学生评价氛围。班级中对学生的评价体系应该是多维度的，全面评价一个学生的德、智、体、美、劳发展，不能过度偏向于学习，更不能将学习方面的评价单一定性为考试成绩。一些班级和教师对学生的评价唯成绩论，影响孩子在班级中的师生交往和生生交往，因此孩子因他人评价导致考前焦虑。

2. 班级竞争氛围过浓。考前班级层面营造的氛围比较紧张，没有对学生进行心理疏导，也会导致学生出现比较明显的焦虑情绪。

3. 考前学习节奏过快，学生压力过大。考试之前高强度的学习冲击和不合理的复习节奏会加大学生的学习负担，从而对学生的情绪产生影响。

三、家庭因素

1. 父母对成绩的反应影响孩子的考试心态。很多父母对学生成绩很重视，父母的做法极大地影响孩子面对大型考试的情绪。例如有的父母平时较少关注孩子的日常学习状态，只关注较大型考试的成绩，唯成绩论，成绩好就对孩子和颜悦色、百依百顺，成绩不好则对孩子横眉冷对、讽刺挖苦。父母对考试的态度影响了考试成绩在孩子心中的地位，因此孩子过分紧张从而导致焦虑。也有的父母关注孩子每日的学习，严格要求，将表扬和批评用在考试前，考后则是平静地一起分析考试成绩，容错度较高，这样孩子会形成对考试的正确认知，不会出现大考前过分焦虑的情况。

2. 家长本身的紧张会传递给孩子。考试前,有些家长会紧张焦虑,而孩子又是高敏感的群体,会感受到父母的焦虑,从而开始紧张不安。

【解忧锦囊】

一、细心观察,关注学生日常

很多孩子有考前焦虑的情况却不自知,或不会主动向教师和家长寻求帮助。因此教师需要细心观察,多关注孩子的日常学习和生活,当发现孩子考前阶段性出现一些反常的举动时,则要着重关注,分辨是否需要进行干预,比如孩子考前出现经常犯困、情绪起伏较大、课堂上常走神。

二、充分交流,寻根溯源

当孩子出现考前反常的情况时,教师要及时汇总并初步分析,在恰当的时间找学生沟通交流。通过恰当的询问和引导,让孩子充分表达自己的情绪及想法,从而进一步分析,寻找其产生焦虑的原因,然后从家庭、班级、个人方面分别入手采取措施进行干预。

三、多管齐下,调适情绪

(一)家校沟通,打造家庭氛围

如果孩子考试过分紧张的原因在于父母的态度、父母的承诺、家庭奖惩措施等,那么问题多半存在于家庭,父母的认知决定了孩子对成绩的认知水平。针对这种情况,教师要第一时间进行家校沟通,首先通过询问和引导,让家长充分表达其对孩子的期望、与孩子的相处模式及对考试的态度,通过家长的表述进一步分析是不是家长的错误做法导致了孩子的错误认知,进而考虑如何解决。

如通过家长表述,发现是家长本身的认知偏差,班主任要和家长共同分析其对孩子的评价,让其意识到自己对孩子评价的单一,从意识层面引导家长认识到学习不是考量的唯一标准,家长要树立健康的成长价值观。

如通过沟通,发现家长认知无问题,但孩子对成绩的认知却与家长不同,班主任要重点和家长一起分析家长的做法是否给了孩子错误的引导,让孩子产生了误会,比如日常不严格而考后过度反应。引导家长充分了解孩子的学习能力,对孩子的成绩有一个合理的预期和肯定,不要因为自身过高的期待给孩子过大的压力。

（二）多种形式,扭转班级舆论氛围

1. 通过辩论活动自我驳斥,审视旧认知。在班级时不时可以开展辩论赛,让学生在思考如何辩驳的过程中,表露心声,同时也倾听不同的声音,引导学生在过程中重新审视旧认知。

2. 通过班会课进行正向引导,建立新认知。通过开展班会课,引导学生正确认识考试的功能,学会如何积极地为考试做知识层面及技能层面的准备。

3. 团体心理辅导,打造班级正能量场。考前上心理团辅课,指导学生如何调试自己的情绪,有效缓解学生的考前焦虑,引导其正确看待考试。

4. 优化班级制度。让学生之间有正常的竞争关系,营造和谐互助的班级学习氛围。

（三）个体沟通,制订专属方案

针对不同学生的问题,进行个体沟通,为学生制订专属的个人应考方案。

1. 正确地自我分析,设置合理期待。让学生分析自己的学习能力,对考试有一个合理的期待。和学生一起对之前的考试进行系统的分析,让学生清楚认识到现阶段自己的水平、学习的优势与劣势。根据学生需求制定学习短目标与长目标,并帮助其在班级内寻找一个精准的目标同学。

2. 制订学习计划,进行阶段性自我评价。根据学生的目标,帮助其制订学习计划,并与其目标同学的学习情况进行比较。分散大型考试的评价比重,将学生的评价落脚在每日的作业完成、课堂听讲及当堂小测与目标同学间进行比较,从而减轻最后考试的评价比重,同时也有助于推进日常学习计划的落实。

3. 模拟训练,提升应试技能。模拟考试时可能遇到的各种情况,训练学生准备应对措施,提高其考试技能,从而提升其面对考试的自信,减轻考试焦虑。

4. 个体心理指导,克服自身的不良心理。针对心理焦虑特质的学生,可以借助心理教师或者其他力量的帮扶,通过单独沟通来加强学生自身的心理建设,降低不稳定因素对自身的消极影响。

【案例聚焦】

"啊！这次考不好，我就不活啦！"

——记一位考试焦虑孩子的案例

"啊！这次考不好，我就不活啦！"中午小宇边抓着头发边在教室里号叫着转圈踱步。"我真想从这跳下去啊……"伴随着这一声声骇人的声音，同学们纷纷侧目，教室外的我也被吸引了进来。小宇是一个情绪化的孩子，有着将近一米九的个头，但其心智却是这群孩子里相对不成熟的。这样骇人的夸张言论经常会成为其发泄情绪的一种表达。自初三以来，伴随着考试的临近，小宇的情绪化表现逐渐多了起来，例如会因为分数不理想而用头撞桌子，上课常常走神，身边总是一团团搓的小纸球。我想他可能是焦虑了。

我先是把他请出了教室，避免其情绪化的言论对其他同学产生影响，而后在只有我俩的空间里让其尽情发泄，我静静地倾听，实时追问并进行了对话录音，方便后续分析。"小宇，为啥会有想跳下去的想法呀？只是一次考试而已。""我学得太压抑了，怎么考都考不好！我爸妈每天只知道让我学学学，看不见我认真学的时候，我稍休息一会就批评我！整天吵吵吵！我活得太没有意思了，太没有价值了！""为什么会认为自己没有价值呢？你认为我、爸爸、妈妈都有价值吗？""您是老师，教那么多学生，价值很大！我爸和我妈也有他们的工作，也都有价值。我什么用都没有，他们说了，我情商太低，为人处世的能力太差，成绩还不好，啥啥都不行。现在只会让他们失望，如果没有我，他们可能更开心吧。""你对咱们班级和你的家庭来说都不可或缺、十分重要啊！""我在班里没有存在感，同学只跟成绩好的人做朋友！""我们有那么多小测和考试，你为什么这么看重这次考试呢？""我妈说了，这次考好了就给我买新手机。"……通过和小宇的这次谈话，我认为小宇的父母、小宇的认知是造成小宇这一情况的主要原因。针对这一分析，我决定先进行家校沟通。

我约了小宇妈妈到校面谈。进校经过操场时，小宇妈妈感叹道："那个孩子我认识，叫小峰，他和小峰是同一所小学的，人家现在是第一了，不像我们家的这个……"到了会议室，我先开门见山地跟小宇妈妈说了一下小宇的近期情况，但是没有说我和小宇具体的谈话内容，想让她先介绍一下小宇的居家情况。他妈妈透露出几个关键信息，例如"不自觉地将自己孩子与他人进行比较，羡慕他人成绩""认为自己清楚孩子的水平，从情商到智商到自理能力等方面对孩子进行否定""自小溺爱，日常生活一手包办。如今希望孩子一夜成长""孩子在家也有比较过激的言论和行为，觉得没什么大不了"……通过沟通，我发现家长的话和孩子的话是能够对上的，可见小宇的现状主要是家庭导致的，但显然家长并没有意识到这一点。

接下来，我首先将小宇的近期表现与一些典型案例结合，从心理学角度进行分析，试图引起家长对这一问题的重视。而后将记录的家长表达的内容与孩子表达的内容合在一起同家长分析，引导家长意识到自己在培养孩子时的矛盾做法与单一评价造成孩子的自卑心理。最后和家长共同制订了接下来的方案。第一，要多维度地评价孩子，重点通过表扬孩子来提升孩子的自我存在感和价值感。第二，削弱大型考试的地位，将对学习的评价落实到每天的日常学习中并及时表扬，例如作业及时完成时、小测有进步时、主动学习时。第三，改变自己的言行，不要通过言语让孩子感受到自己不如别人，要让孩子感受到父母对自己的关爱。第四，家校及时沟通，要重视孩子的情绪波动，及时寻找原因，进行纾解，必要时可以寻求专业人士进行干预。

进行了家校沟通后，我的工作重心在于解决班级氛围问题。在平时的课堂、课间时间，我关注小宇的交友问题，发现并没有小宇说的同学不跟他说话的情况，看来这是小宇的主观错误认知。因此，我有意识地在同学给小宇讲题时，在小宇与同学玩闹时，时不时地提醒小宇和同学融洽相处，让小宇意识到同学并没有看不起他。

调整了一段时间，小宇情绪较为平和后，我让他谈了谈最近的变化及感受，并和其一起制订了接下来的学习计划，选取了一个目标同学。然后就是"关注—鼓励—提出建议"的循环实施。最终，小宇在现有水平上有了一点点的提升，也重新找回了自信，勇敢地挑战着自己。

与自己和解是一个人一生的课题，包括与自己的能力和解，与自己的欲望和解，与自己的情绪和解。愿我们都能静心观察，寻觅原因，引导学生与自己和解，愉快地成长。

（威海市实验中学　马燕飞）

第 9 问：学生出现厌学情绪，班主任该怎么办？

【老班难题】

厌学是学生对学习的一种负面情绪，主要表现为消极地对待学习，不愿意主动学习，甚至远离和逃避学习。班主任面对学生的厌学情绪该怎么办呢？

【寻根究源】

一、学生层面

1. 环境适应能力差。随着年级升高，学习压力的增加，没有好的心态和好的学习方法，导致成绩下降，与周围同学对比时产生自卑心理，导致厌学。

2. 归因方式不正确。学生对一次考试或者一次活动的失利没有很好地进行归因，认为是自己能力不足导致的，失去了自信，从而感觉很无助；将学业失败归因为运气不好或是能力差，那么会导致羞愧、绝望等消极情绪产生。

3. 自我效能感低。自我效能感高的学生在遇到困难时会坚持不懈，而自我效能感低的学生则会轻言放弃。自我效能感会影响学生的思维模式和情感反应模式。自我效能感低的学生会更为关注自己的缺点，在面对学习任务时，会更多体验到紧张、焦虑和恐惧的情绪，从而产生想要逃离的厌学情绪。

4. 学生从众心理太强。如果班级中出现一例同学因厌学而回家休息这样的案例，对于内心不够强大的学生来说，他们很容易也选择逃避，做出厌学甚至逃学的行为。

二、学校层面

1. 教学方式不合理。很多教师为了追求高分数、高质量，忽视素质教育的内涵。课堂没有吸引力，无法打动学生。久而久之，学生对学习的兴趣下降，慢慢变得不爱学习，甚至出现厌学情绪。

2. 教育方式不恰当。部分老师由于急于求成、恨铁不成钢，对学生的教育方式简单粗暴，个别还出现一些过激行为和言论，从而导致学生反感，不乐意上这些老师的课,发展到直接不来学校,极度厌学。

三、家庭层面

1. 家长给予孩子的学业压力太大。家长过分看重分数和对学生的期望值过高,孩子整天生活在紧张、焦虑、不安的消极情绪中,久而久之产生反感,最终发展到厌学。

2. 家长过分溺爱。家长对于孩子的心理抗压能力预估不准,总想全方位地对孩子进行保护,其实很可能导致孩子更加敏感,加重其厌学情绪的产生。

【解忧锦囊】

一、学生层面

1. 了解个体差异。学生要相信自己具备成功者的条件和能力,在不同的学段调整学习方法和学习习惯,树立正确的学习观念,把握好学习节奏,做好自己。

2. 培养学生正确的归因方式。能正确归因的学生能够从积极的角度看待问题。

3. 引导学生设立合理的目标,合理的目标能激发个人斗志,增强自我效能感,更容易产生积极情绪。

4. 培养学生的自信心,塑造良好的心理素质,避免从众心理。班主任可以召开关于厌学的主题班会,进行正确引导。针对个别从众心理过强的孩子,班主任要单独与其沟通和交流,帮助其消除厌学的不良心理。

二、家庭层面

1. 家长要转变成才理念和育人观念,不以学习成绩为评定孩子的唯一标准,多找孩子的优点,及时鼓励。多陪伴孩子学习和参加课外活动,使孩子在活动中获得成功体验,增加对生活和学习的热爱。

2. 家长要学会适度放手,与学校形成合力,要经常与班主任保持沟通,想方设法帮助孩子改变消极的情绪感受。学习一些专业的家庭教育知识,更加科学、合理地对学生进行引导。

三、学校层面

1. 教师要改变教学方式。教师要改变"填鸭式"的教学方式,活跃课堂,加强学生之间的合作交流,给学生展现自我的机会,让学生在学习的过程中真正体会到成就感和价值感,体验到学习与成长的乐趣。

2. 教师要转变教育理念,创造良好的环境气氛,帮助学生树立自信心。温馨和谐的学校环境、人际关系和良好的班集体对培养学生的自信心大有裨益。在集体中,如果每个成员都尊重、热爱集体,那么集体也会保护成员的自信心。如果班级成员之间坦诚相待,相互尊重,就能促进学生自信心的形成。

【案例聚焦】

追根溯源,远离厌学的深渊

期中考试结束后那天的一大早,我接到小宇家长打来的电话,说孩子头疼,需要请假。我嘱咐家长赶紧带孩子上医院看去。可是一连三天,小宇都以生病为由请假。对于毕业班的孩子而言,即便是生病,超过一天的请假情况也很鲜见,尤其是成绩还不错的小宇,更不会因为身体抱恙就耽误太长时间的课,我感觉事情没有表面那样简单。于是我主动给小宇妈妈拨通电话,询问小宇的情况。

电话一接通,小宇的妈妈就在电话里坦诚相告,说小宇最近一周总说身体很不舒服,头痛、头晕、胃难受和胸闷,不肯去上学,可带去医院检查又没有病。她分析是因为小宇本次考试失利,失去自信心导致情绪低落,身体也在心理暗示下出现了各种不适症状。妈妈焦急地说:“对孩子我是真没有办法了,各种方法都尝试过,但是就是没法改变他。”听到这里,我对小宇的妈妈说:“孩子不想上学,肯定有更深层的原因,我们一起来找原因,但是我认为恰当的沟通方式也很重要。”小宇妈妈说:“哎呀,老师,我知道沟通很重要,但是现在是中考前最后一个学期,时间这么紧张,他总是生病请假不上课,成绩是要退步的,我是真着急呀。”听到这里,我隐隐约约猜到了一点小宇“头疼”的原因了——小宇厌学了。

我决定与小宇谈谈,在征求家长同意的情况下,我将小宇约到了学校的心理咨询室。在放松的环境中,小宇很快打开了心扉,开始讲起了他的故事。

小宇是家中的独生子,父母对他要求比较高,希望他考上一中实验班。妈妈是一个容易焦虑的人,经常唠叨、督促他要好好学习。即使自己考了班上前三名,父母也从来不会肯定、鼓励他。爸爸从不管学习,妈妈则是时时强调“危机意识"——不能骄傲，不进则退，要时刻比别人更努力来保持优秀。他感觉自己犹如西西弗斯(古希腊神话中的人物)，每天都要很吃力地把学习那块"大石头"推向山顶，一有懈怠石头就会滑落山底，自己还得从头再来。他之前学习成绩很好，但初四大家都开始用功，就慢慢感觉自己跟不上了。他越赶不上，越被妈妈唠叨、批评、督促，现在爸爸也加入了妈妈的"阵营"。

妈妈很不满意小宇的成绩。为了在初四备考的这一年能够大大提升，这个学期周末，妈妈帮小宇报了一个强化辅导班。小宇每个周末从早到晚高强度地学习、预习、复习，一整天下来脑袋是晕的，压力很大，晚上睡不好，白天没精神，身体出现了失眠、头痛、消瘦的现象。

现在小宇发现自己无法正常学习了，想看书、想听课，但看不进、听不进，感觉脑子转不动，晚上常常一个人躲在被子里哭，不愿意跟同学说话，没有能说真心话的朋友。他自己也不知道怎么变成这样，自己原本很爱学习的。而如今，面对妈妈的要求，小宇觉得很压抑和无力，内心很崩溃，身体变得虚弱。

通过小宇的讲述，我明白了他的成长经历及父母的教育方式。在他的潜意识中处，学习跟痛苦、压抑、无助、沮丧等感受画上了等号，但凡触及与学习有关的事物和情景，比如看书、上课、做作业，他便本能地陷入这些负面情绪的包围中。他被这些情绪浓浓地包裹着，难以找到出口。根据小宇的状况，我决定分三步走，逐步攻破。

一、处理和转化压抑的情绪，化解抑郁状态

经过这次谈话，我和小宇初步建立了信任关系。我鼓励他表达内心的想法。他的压抑更多来自对父母的愤怒，而对于这些愤怒，他无法在现实中跟父母表达，一直强压在自己的心中。但愤怒并不会因压制而消失，它如同火焰，越积越旺。

我让他把我想象成父母，让他释放出情绪。他一股脑说出"我都被你们逼得无路可走了，我都要崩溃了""你们就知道让我学习，根本就不关心我""我生病了，你们从来都不问我的感受，就知道催学习"这样的话。我引导他说出希望父母如何对待自己。"我希望妈妈能少说几句，我已经长大了，知道该做什么""我希望爸爸能多与妈妈说话，这样妈妈就不用老是盯着我了"……我让他想象一下父母听到他这些话会怎样回应。当他站在父母的角度去回应时，他慢慢能理解父母了,也能感受到父母的不易和对他的爱。

二、亲子关系调解,改善家庭氛围

小宇妈妈的本意是希望孩子爱上学习、快乐学习,孩子出生后她便把几乎全部的精力都放在孩子身上,逼着孩子优秀,却让孩子感到被控制、被强迫,感到压抑,对学习产生厌倦。

经过探讨,小宇妈妈意识到自己的教育方法不但没有达到效果,反而让孩子走向厌学和抑郁的边缘,她下决心要改变自己。于是,我与之约定在与孩子沟通时不再贬低、批评、指责孩子,经常与孩子沟通交流,交流时要学会理解和鼓励、少说多听,改变之前的沟通模式。

后来小宇向我反馈,说妈妈最近能安静地听他说话了。有一次他看到妈妈又想唠叨了,但憋了回去,当时妈妈的模样可爱极了。母子之间的关系变得缓和多了,他也开始敢于向妈妈表达了。

三、重塑学习价值,化被动为主动

他的厌学情绪缓解后,我针对他的学习问题与他进行了正面的讨论。受"学习无用论"的影响,他觉得学习并没有太大的用途,学习更像例行公事。我们讨论了他的兴趣爱好、未来的梦想和想成为怎样的人。他表示自己对未来并没有太多的期盼,对什么都不感兴趣;不知道自己现在是怎样的人,更不知道自己未来会是怎样的人。我相信这是他内心真实的感受,但也知道他内心隐藏着更有动力的希望和力量。在详细讨论了"我是谁"之后,他对自己的认识更清晰了,对现在的自己、过去的自己、未来的自己有了更多的了解。经过探讨,他开始赋予学习新的意义——为成为一个好的漫画家打基础,增加自己的阅历和体验。

青春期的孩子体验着"成为大人"的过渡阶段,更想要的是父母的尊重和信任。若孩子对学习生厌,不愿意上学,父母就算苦口婆心去劝,孩子也难以静下心来认真学习。从焦虑到厌学,其中的每一步,都需要家长和老师用心觉察,把握好帮助孩子的时机,让孩子远离厌学的深渊。

(城里中学　姜玉彦)

第 10 问：学生假期前浮躁，班主任该怎么办？

【老班难题】

　　每次假期前学生都会呈现出不同程度的浮躁。课间，学生之间讨论的话题逐渐转向了假期的计划安排：去哪里玩，吃什么好吃的，乘坐什么交通工具……仿佛不需要经过期末考试就可以直接放假了。营造良好的学习氛围，鼓励学生全力冲刺期末考试，对于班级的稳定和学生成绩的提升至关重要。班主任该怎么办呢？

【寻根究源】

　　1. 学生方面：学生没有产生紧迫感，对学习不感兴趣，对时间的管理不够高效。或因为压力过大、情绪紧张，也会导致浮躁情绪产生。

　　2. 家庭原因：父母对假期的安排潜移默化地影响孩子。

【解忧锦囊】

　　一、学生层面

　　1. 班主任需要教会学生正确处理长期目标和短期目标的关系。学生要制订学习计划表和时间安排表，对照表单执行任务，让假前时光过得充实而有意义，全力以赴准备期末考试。

　　2. 营造学生之间、小组之间、班级之间的竞争氛围，让学生在竞争中专注地投入学习，从而克服浮躁的心理状态。

　　二、家庭层面

　　1. 班主任可以指导父母让孩子先静心完成假前任务，再考虑、筹划假期旅行等事宜。

　　2. 对于需要重点关注的学生，班主任要了解学生具体的学习情况和存在的问题，积极和家长沟通，共同疏导情绪。

【案例聚焦】

放下浮躁,沉淀自己

每到假期前,学生都不同程度地出现浮躁心理,外在表现为:疯打闹严重,踩着铃声进教室,上课不能专心听讲,思考不深入,作业应付了事,简单的题依然出错较多。班主任只有了解了学生出现浮躁心理的原因才能对症下药。

班里有位叫莲的女孩。她敏感内秀,写得一手好字,学习成绩优异,是老师眼里的完美女孩,是同学们羡慕的对象。可就是这样一位女孩,在初三下学期寒假前发生了巨大的改变。首先是发型的变化,刘海遮过眼睛,桌洞里有化妆盒,课桌上摆着一个小镜子,有时上课还偷着照。老师提问时,她总是心不在焉。老师批评她时,她表现出极不服气的样子,作业经常空题。各科老师都向我反映莲的情况,同学们也用异样的目光来看她。她到底发生了什么?

一个春日中午,阳光明媚,我约她在操场上聊一聊。"你能不能告诉老师发生了什么,我相信这不是你的本意。""没有发生什么,我想让自己更漂亮一些,让我自己和我的字一样漂亮不可以吗?""莲,爱美之心人皆有之,你没有错,但我想问你眼中漂亮的样子是什么样的?""化个妆,头发酷酷的,像我妈妈那样。""你知道老师心中你最美的样子是什么样吗?每天穿着整洁,头发收拾得很利索,端坐在教室,专注着课堂,低下头写下娟秀的字。"她惊异地看着我,可能是和她认为的美相差很大。我轻轻地帮她整理了一下她凌乱的头发,继续和她聊着。"莲,可能每个人对美的定义不同,理解不同,但一定有共性的东西。很多文学名家都形容你们这个年龄是花一样的年龄。奋斗的青春最美丽,人是因为有内涵才会美丽永驻,老师希望你拥有内涵式美。""老师,我明白了,我这段时间让您操心了。"她脸腮泛红,微微低下头。

这次谈话之后,莲发生了很大的变化。她穿着校服整洁,专注地聆听老师的课,有时低头写下一行行美丽的文字。这让作为班主任的我倍感欣慰。

初三的孩子自我意识向独立和成熟方向发展。每个孩子都渴望得到尊重,这是他们认识自我价值的反映。他们害怕教师指责、嘲笑他们的幼稚和冲动,反感教师居高临下的训斥与批评。他们有时会过分关注自己的外表。

老师和家长需要积极引导他们,帮助他们平稳度过青春期,并运用科学、合理的方法帮助他们消除浮躁心理,让他们学会沉下心来做人和做事,绽放自己的青春之花。

（威海市塔山中学　李文娟）

第 11 问:班级整体成绩落后,
班主任该怎么办?

【老班难题】

一提起我们班,各科老师的第一反应都是"成绩差"。班级整体来看几乎没有擅长的学科,想要营造浓厚的学风更是无从下手。面对这种情况,班主任应该怎么办呢?

【寻根究源】

一、学生方面

1. 班级规则意识不强,班风消沉、颓靡,学生缺乏上进心。成绩差的班级往往或多或少有习惯差、纪律差、卫生差等问题。

2. 学生发展方向不明。榜样学生缺少竞争意识,中游学生缺少目标意识,后进学生缺少上进意识,大家上一天学"撞一天钟",方向不明确自然无法拧成一股绳。

3. 转变契机迟迟未见。弱势班级想要逆袭,需要一个又一个契机,让学生品尝成功的滋味,看到发展的希望。

4. 学生的基础知识不扎实,学习态度不端正,缺乏对知识的渴求和钻研精神,只求得过且过,没有追求卓越的追求和信念。

二、教师方面

1. 教师的"有色眼镜"。班主任和任课老师在面对班级时如果总是先入为主,给他们打上"成绩差"的标签,笼罩在这样的情绪中自然会影响班级的精气神。

2. 教师的"山呼海啸"。班主任和任课老师如果时常呵斥和责罚学生,师生之间没有爱与温暖,对班级发展也极为不利。

3. 教师的"束手就擒"。很多教师因为年纪和经验的缘故,面对成绩落后的班级和学生有可能出现无能为力、无计可施的情况。

4. 教师的"按部就班"。教师教学方法不够灵活、生动有趣,内容难易度安排不够适当,无法满足不同学生的学习需求,导致学生兴趣不高、学习积极性低。

三、家庭方面

1. 家长过度干预。如果家校关系是紧张的、不信任的,对于班级整体的发展和进步会产生很大影响。

2. 家长明显缺位。有的家长无暇进行孩子的家庭教育,也是造成学生成绩差的原因之一。

3. 家庭不够和谐。一些父母缺乏理性,很容易把负面情绪带进家庭,造成亲子关系紧张。这样的家长给不了孩子榜样示范的教育,也很难在学习上起到指导和促进的作用,甚至有些父母还会对孩子的学习起副作用。

【解忧锦囊】

一、学生方面

1. 针对班级规则意识不强的问题,可以采取"迂回作战"的策略。成绩想要从倒数变成第一很难,但是桌箱收拾好、书本整理好、纪律规范好、卫生保持好总是可以在一定时间内取得明显成效的。长此以往,一定会打造出一个习惯好、纪律好、卫生好的班级,这时成绩进步自然水到渠成。

2. 针对学生发展方向不明的问题,建议不要面上整体去说,因为学生会觉得反正说的也不是自己,听听就过了。一定要采取各个击破的方法,先从榜样学生、中游学生、后进学生中分别确立一个或几个典型,慢慢形成辐射带动。

3. 针对转变契机迟迟未见的问题,一定要认真分析弱势班级的现状,尤其是学生的优点。有必要的时候也可以求助学校,想方设法举办班级能够取得成功的比赛或活动,让学生体验成功,拥有自信,并将这种感觉迁移到学习上。

4. 制订班级学习计划,包括教学计划、考试计划、活动计划等,并依次向学生和家长宣讲,提醒学生合理安排时间,找到适合自己的学习方法,多做练习以加深记忆,激发学生的上进心。

二、教师方面

1. 摘掉"有色眼镜"。想要学生进步,教师必须先爱学生,先信任学生,想尽办法鼓励学生、帮助学生、陪伴学生。

2. 停止"山呼海啸"。单纯地冲学生发泄情绪于事无补,不如先制定规则,再从旁帮扶和监督,学生违反规定就公开透明地教育,不进行带有情绪的斥责。

3. 不能"束手就擒"。教师面对的是几十个家庭的希望,任何情况下都没有"摆烂"的资格,必须打起精神、想尽办法,可以求助分管的领导、向有经验的同事取经、观摩优秀班级一日常规……方法总比困难多,教师要给学生做出表率。

4. 拒绝"按部就班"。教师要加强课堂教学,在教学过程中积极培养学生的学习能力和主动探寻问题的能力,注重与学生的互动,调整教学方法,吸引学生的注意力。

三、家庭方面

1. 过度干预的家长需要对症下药。有的家长自诩"懂教育",对老师指手画脚。这种时候家长首先要自审育人策略是否的确存在问题。教师在交流时要告诉家长我们为孩子的发展采取了哪些策略,需要家长如何配合与理解,争取信任和支持,不要与家长对立、激化矛盾。

2. 明显缺位的家长需要谋求关注。如果班级家长整体而言比较"冷漠",不回复老师的消息,不参与班级的活动。在对家长提出明确的要求依然无效的情况下,可以发动学生的力量,例如每天总结的时候在班级表扬哪些爸妈及时回复老师的消息,哪些家长主动找老师关心孩子。

3. 不够和谐的家庭需要重点突破。班主任可以召开家长会,详细讲解相应的计划和措施,征求家长的意见和建议,并借此机会向家长宣传相关的学习指导方法。

【案例聚焦】

落后班级成长记

刚刚将上一届学生顺利送入中考考场,我还没开始美好假期,学校就将我叫回学校,让我从中考结束的第二天开始接手"著名"的大三班。"著名"在哪儿呢?班级男生比女生多出将近十个,其中我早有耳闻的就有每天从早上来了就放下书包不知去向的平平,也有坐在教室最后一排角落且周围满地垃圾的阿威,还有打遍班级和级部的小赵。还没进班,我就听说了很多老师的经历:上课时学生随意接话打岔;下课时学生满教室里跑外颠;每次考试成绩和班级德育考核半点悬念都没有,妥妥的倒数第一……这激起了我的胜负欲——既然干,我就一定要带领三班的孩子们好好干。

一、一切都是最美的缘分

初见学生,从他们的眼神中,我读出了一种"审视"。因为接班接得太"中途"了,还剩不到一个月就期末考试,所以不太适合大刀阔斧地推行改革,只能小修小补。于是我先让学生理顺了班级现有的行为规范准则,又和他们一起理清了每一项规则的具体要求和班主任的检查办法。看着学生一副没精打采的样子,我对他们说:"一切的相遇都是缘分,老师非常珍惜即将要和同学们在一起度过的这段时光。你们的过去我不曾参与,未来的每一天我们一起努力。大家的起点就从下一秒的课堂表现开始,出现任何问题老师都会提醒你。"

二、一切都是最好的安排

接下来的每一天,我只要不上课、不开会,都会坐在班级里。任课老师上课时我尽量不插嘴,默默记录学生的表现,下课和有问题的学生一起盘点,顺便监看课间纪律,收拾卫生。每天我都会督促各科作业没有完成的同学抓紧时间补救;与家长沟通,让他们不要放弃孩子,要看到孩子的点滴进步。但班级总会出现这样或那样的问题,让我应接不暇。

这一天,英语老师很生气地回到办公室,告诉我,因为班级英语成绩总是倒数,领导找她,家长也找她,学生也不听话。她眼眶含泪,问我真的是她的错吗。我太心疼我们班的任课老师了。于是我和英语老师按照学习特点给班级的学生安排了一个英语课堂专用的座位表,一到英语课,全班换座位,榜样学生拉动全组，师父学生单独指导徒弟，课堂表现考核中徒弟发言双倍加分，检测时依据进步幅度给予不同等级的奖励，激励学生攻克英语难关。最近的一次测试，尽管班级整体成绩依旧倒数，但是及格率有了一定的提高。

后来，我也和其他任课老师有针对性地制定举措，让学生在课堂上真正忙起来，让他们为了避免扣分而不敢说话，为了争取加分而努力表现。我和全体任课老师不抛弃、不放弃，每一次测试都见证着师生努力追赶的印迹。

三、一切都是最真的期待

与三班在一起的每一天，我都提醒自己：不要上头，不要发火，要就事论事，要晓之以理。规矩一点一点理顺，秩序一点一点建立，卫生死角一点一点消灭。只要平平控制不住情绪想往外跑，班级干部会第一时间出去陪伴他并迅速联系我；阿威也养成了只要看见我就开始收拾自己座位卫生的习惯；小赵到处"挑衅"的性情也收敛不少，打架频率大大下降，慢慢有了自己的朋友……我们班虽然一直走在追赶其他班级的道路上，但是次次考试有亮点，月月考核有进步，合唱比赛和体育运动优势突出，班级学生的精神面貌大幅提升。

我很认同这样的观点：班主任不要做消防员，哪里起火灭哪里。真正的理想状态是成为隐患排查员，把问题消灭在萌芽状态。班级整体成绩落后，原因一定是多方面的。想要带好这样的班级，方法和策略也应该是多元化的。

（青岛滨海中学　周璐）

第 12 问：如何打造班级学习能量场，营造浓厚的学习氛围？

【老班难题】

学习是学生在学校的主要任务，一个班级的学习氛围会影响班级学生的整体走向。学生在学习一段时间后会出现学习"高原期",学习的积极性会降低,变得被动、漠然。如何帮助学生燃起学习的斗志,打造班级学习能量场,营造浓厚的学习氛围呢?

【寻根究源】

一、学生方面

1. 学习习惯不好,缺乏正确的学习方法,感觉学习压力大,疲于应对。

2. 部分学生学习态度不端正,扰乱班级正常的学习氛围。

3. 班级整体缺乏向心力,缺少共同努力的目标牵引。

二、教师方面

1. 班主任管理能力较低,例如对学生成绩不够关注、带班要求较低。

2. 任课老师缺乏合作,不能做到共同营造和谐向上的学习氛围,齐抓共管。

3. 任课老师和学生关系疏远。如果学生和教师之间关系不够和谐,很难使得学生在自己任教的学科上取得进步。

三、家长方面

家长没有正确的教育观念,对学习重视程度不足,不配合老师的工作。

【解忧锦囊】

一、描绘班级愿景,创设良好学风

班级愿景就是班级里师生发自内心的愿望,是班级渴望的未来状态。教师用班级发展愿景激发学生,可以让学生产生巨大的前进动力。在每个学生都设定了奋斗目标的基础上,教师要对班级整体的发展目标作出规划,然后和学生一起商议实现目标的具体做法和实施策略。有目标的努力和没有目标的努力产生的效果是完全不同的。所以,设定目标是学风建设的起点,目标要分短期、中期、长期。短期目标是一个星期就能达成的,中期目标是以学期为单位能达成的,长期目标就要贯穿始终。目标不能设置得过难,要容易实现,达到跳一跳能够得着。

二、协调任课老师,让学生养成良好的学习习惯

掌握科学的学习方法能让学习事半功倍,教师要帮助学习成绩不理想的学

生分析原因，科学规划学习时间，养成良好的学习习惯，提高学习效率，预防习得性无助。班主任要经常开班导会，加强与任课老师沟通，了解学生在不同科目上的优劣，在自习时间分学科进行小组学习，邀请任课老师进班进行针对性辅导。任课老师要帮助学生养成自我管理、自主学习的学习习惯，如下课后先做好下一节课的课前准备再出教室，课前一分钟速回座位，复习与预习相结合。

三、巧用求胜心理，形成"比、追、赶、超"竞争机制

定期分层召开小班会，针对班级学优生，重点树立其班级风向引领的意向，提升责任感和使命感；针对班级中游学生，重点帮助其修正不好的习惯，为其树立榜样；针对学困生，重点寻找每个人身上的问题，帮助其解决问题。抓住学生的好胜心，在学习上进行 PK。可以四人小组为单位进行小组间 PK，在小组里实施"师友制"，学习好的同学一对一帮助学习差的同学，形成团结的学习小组。不同组之间同水平的同学互相 PK，形成比学习时间、比复习效率、比学习成绩的学习风气。

四、适时开展心理辅导，减压赋能和谐师生关系

有的学生有厌学的心理。班主任要抓住时机开展心理辅导，释放学生的压力，帮助分析原因、总结方法，让其改变学习态度，树立目标，学会理解各科老师的良苦用心，形成和谐的师生关系。在平日，班主任要善于观察，抓住学生的闪光点，表扬鼓励学习习惯好、学习有进步的学生，让每一位学生都找到学习的成就感。

五、做好家校沟通，家校携手打造能量场

班主任要和家长共同描绘育人愿景，家校达成一致的育人目标。通过分享案例、名家文章、家庭教育视频等对家长进行思想引领，提升家庭教育观念，给予一定家庭教育建议，达成家校携手的目的。在孩子成绩取得进步时，要及时与家长沟通，让家长意识到提升成绩的希望，从而在孩子的学习上倾注更多精力。

【案例聚焦】

同学，四年后我们还能做同学吗？

学习对处在爱玩年纪的孩子们来说是一件辛苦的事情，但不管再怎么辛

苦,只要有人做伴,那做起来不仅不苦,还很有动力、很有乐趣。因此打造一个学习氛围浓厚的班级的意义正是在此。班级学习氛围浓厚,孩子们彼此做伴、加油打气,那么再苦的事情也变得乐趣横生起来。

我刚接手十班这个新班级时,孩子们玩心很重、各有特色,怎样能快速打造好班级氛围呢? 我是这样做的。

一、入学十问,私人订制

开学第一天,我组建了班级的家校沟通群,发放了一份电子版的调查问卷,除了让家长填写方便日常沟通的家庭基本信息外,还通过十个问题具体询问了孩子的居家学习时间、居家学习形式、哪位家长陪伴较多、家长的陪伴形式、孩子的电子产品类型、电子产品的使用时间和使用内容、家长期待孩子在初中阶段的发展前景、家长希望老师能提供哪些帮助等方面的内容,通过这份问卷初步了解家长对孩子的期待及孩子的居家学习习惯,以便为孩子制订更好的学习方案,搭建家校沟通的桥梁。

二、初步接触,重在观察

在我刚接手的前三个周,班级里除了基本的校规、校纪外,不设立其他规则。目的是让孩子们充分地展现自我,有更多的机会彼此接触,从而寻找班级契合点,建立学生和学生之间的情感连接。同时,我会随时出现在班级,重点是观察每一个孩子课上、课下的表现,了解孩子的性格和特点,思考接下来的班级管理方式。

三、收拢班级,确定航向

在学生充分展示和接触后,我也对班级每个孩子有了大致的了解,准备开始下一步——收拢班级、确定航向。首先要确定班级的班委,他们是引领班级走向的重要群体。班委的确定需要天时、地利、人和。他们需要有良好的品质、责任感、主动参与的性格,还得有班级的群众基础。因此这需要班主任发掘人选、进行鼓动并在班级帮忙打造群众基础。班委确定好后,需要一套系统的班级规则辅助班委工作。通过班会,重点针对班级运转不太良好的方面,和学生一起制定明确的班级规则,并加入奖惩措施。

四、目标先行,方法紧跟

初中的班级绕不开的问题是中考。因此围绕这个问题,我在班级开启了"介绍我梦想中的高等学府"活动,每天中午 5 分钟时间开阔学生视野的同时,帮助学生寻找和树立目标。在班级开展"我为目标奋斗"的活动,将学生根据能力分成 6 个组,每组 1 排,每周根据学生班级考核的结果,同组同学进行比拼选座。同时,开展师徒结对活动,召开了"同学,四年后我们还能做同学吗?"主题班会,学生自由结成师徒,通过班会树立师父的使命感和徒弟积极向上的奋斗情。

五、小处着眼,遍地标杆

高阶目标、班级规则、结对帮扶、阶段奖惩全部实施完毕,现在需要的就是一点点修正和坚持了。因此在接下来的时间里,我需要做的还是观察,然后寻找典型大力表扬,比如负责任的师父、会教徒弟的师父、虚心积极的徒弟、课下抓紧时间问老师问题的同学、课堂紧随老师思路大声回应的同学、作业书写认真的同学、阅读习惯好的同学,不关注结果,重点关注过程。在每一个好现象、好习惯上树立典型和标杆,让孩子们知道该怎么做。

总之,班级氛围的打造不是一早一夕的,是需要从"心"出发并落实到行动的一件事,是一点一滴的铸造和浇灌,需要我们耐心引领和用心培育。

(威海市实验中学　马燕飞)

第 13 问:面对假努力现象,班主任该怎么办?

【老班难题】

每个班都有一些这样的学生:背书看似很激情,但是只用喉咙不用心,声音虽大却什么也没有记住;听课看似很认真,但是经常走神,什么也没听进去;作业看似写得很认真,但是其实懒于思考、照抄答案……老师需要认清学生的努力到底是"行为艺术"还是真努力,纵然是真努力,学生的努力是否真的到位,又是否用对了方法。面对假努力的怪圈,班主任应该怎么办呢?

【寻根究源】

一、学生方面

1. 有的孩子为了得到家长和老师的赞许而"废寝忘食"地学习,表面上看起来很努力,实际上是表演出来的,为了老师和家长那句"你真努力"的表扬而活在别人视野下。

2. 有些学生本身不喜欢学习,也不渴望成功,但他们又非常害怕失败,所以就会假装努力学习来安慰自己。用努力来摆脱内疚感是一种很常见的方法,毕竟没有人会责怪一个已经那么努力的人。

3. 有些学生根本听不懂,完全不知道老师在讲什么,但又是老实孩子,不敢打扰老师讲课,扰乱同学学习,只能假装学习以求平安无事。

4. 有些学生意志力薄弱,脑子里总是想着玩乐,对于学习根本不上心,又不想让老师看到真实的自己,于是就假装听话和学习。

5. 有些学生对于对读书这件事缺乏长远、正确的认知。他们总觉得未来很遥远,眼前无利,不愿意投入时间和精力,但又找不到更好的出路,于是只得假学习。

二、教师方面

1. 老师布置的作业太多了,剥夺了学生自己反思、总结的时间。学生天天完成作业成问题,没有时间去归纳、总结、提升,导致思维懒惰。

2. 中学生需要面对学校的课业压力,这些压力可能导致学生情绪不稳定,无法集中注意力,学习效率低下。

3. 老师过于关注学习成绩和学习过程。部分自尊心强、想受到老师表扬的学生为了迎合老师的喜好,极力用表面努力的假象来获取老师的认可和表扬,其实,他们内心缺乏明确的学习目标和自我规划。如果一个学生学习时心不安定,一直想着去取悦身边的人,那么在学业上是走不远的!

三、家庭方面

1. 家长过度关注表象而忽视内在,重结果而轻过程。有的家长只在意孩子是不是肉眼可见的"刻苦勤奋",不管学的是什么,学得有多慢,也不管实际上有没有在学习,导致孩子养成一种"看着像在学习"的习惯。

2. 家长把孩子学习成绩不尽如人意的原因归结于老师教学质量低、老师的教学方法不适合自己家孩子、老师对自己家孩子关注度不够等原因，导致孩子通过假努力的方式推卸自己的责任。

3. 家长认为自己家孩子能力欠缺，没有对孩子细腻地指导，缺少明确的学习指令，孩子不知道该如何真努力。

【解忧锦囊】

一、学生方面

1. 唤醒内心，告别敷衍。班主任找时间真诚地与学生进行沟通，或书面，或面对面告诉他们所有的敷衍最终是辜负了自己。我们想要的，都能在重复的日常里寻找。我们生命中最紧要的就是拥抱那些重复，改变的本质也是重复。会学习的同学会在上亿次的重复之中持续重复，持续做好。感受到每一次都不一样，相信终有收获的那一天。

2. 制定合理的目标。有了目标，就有了前进的方向，有了努力的动力。制定目标前，班主任需要对学生的学力、学习效果以及性格进行评估，然后再帮助其制定合理的目标。什么是合理的目标？就是通过努力基本可以达成的目标。学生的目标制定出来后，老师要帮助学生不断地强化，不断用这个目标去刺激学生，直到这个目标达成，再制定更高的目标。为了防止学生出现"磨洋工"现象，可以引导他们根据时间四象限法则，将事情分为重要紧急、重要不紧急、不重要紧急、不重要不紧急四种，嘱咐学生要警惕后两项对时间的占用。帮助学生养成睡前回头看的好习惯，对照计划表看看各项计划的完成情况，确保将有限的精力放在最重要的事情上。学生只有明确了奋斗目标，时常检测目标达成与否，才能确保行动的有效性。

3. 改良学习方法。学习方法没有万能通用的。每个人的基础不一样，学力不一样，记忆力不一样，很难完全复制别人的有效方法。班主任可以明确地告知学生：你目前的学习成绩不达标，不是你这个人不行，而是你使用的学习方法需要改变，然后趁机指导学生改进学习方法，比如：上课时一定要准备"课堂三有"——有书、有笔、有本子；老师讲课时，跟着老师的节奏走，用笔在书上画要点，在本子上写重点，这样就可以确保自己听课很专注，学习效率就会提升；至于作业,可以准备一个任务本子,把每科的作业逐条罗列出来,只要有碎片时间就赶紧写作业,写完一科就用笔划去。

4. 找到自己的优点。很多学力一般的孩子都怀疑自己一无是处,特别容易放弃。因此,班主任一定要想方设法帮助学生找到自己的优点,并且还要把优点放大。

二、学校方面

1. 要改变学生的"伪勤奋"状态,首先让老师"真勤奋"起来,不是单纯"抓学生""挤时间",而是"抓老师"和"抓学生"双管齐下。

2. 以自查来自纠学习态度。在班级开展一次问卷调查,让学生在读书、听讲、作业、复习等各个方面做一个自查,可以通过打分、选等级等方法进行。教师搜集问卷之后做出一个简单的总结,找出一些共同的问题和学生展开讨论,请学生分享自己学习过程中效果不明显的方面,再请其他同学提出修改的建议,最后全班讨论总结出大家可以借鉴的学习方法,互相提醒,共同进步。

3. 让成效看得见。把听课、背书和做题联系起来。上课之后,划定知识点让学生背,背完之后立即测试。如果测试效果好,学生肯定成就感满满,这时引导学生倒推专心听课、背书和做作业之间的关系。如果效果不好,引导学生找原因,解决之后再测试。这个方法能让学生通过获得成就感进而慢慢转变思维和学习习惯。

4. 教师在给全体学生树标杆、找榜样时要全面,从多个维度进行评价,而不是单纯地以学习这个维度。如教师可以在勤奋学习、专注学习、学习效果强、学习扎实、学习有计划、善于及时复习巩固等具体的维度来分别树立榜样,引导学生见贤思齐,不断改进自己的学习方法,养成良好的学习习惯。

5. 抓牢中等生,让中等生当科代表,对中等生的作业进行全批全改,或者进行面批,反馈一定要及时,激发他们的学习热情。一个班级里,最容易进入假学习状态的,其实就是中等生。他们渴望得到老师和家长的关注与欣赏,但他们的实力又欠佳,因此他们是一群很容易放弃的孩子。班主任必须在这一群孩子身上着力,班上假学习的学风才能得以扭转。

三、家庭方面

1. 请家长停止唠叨：班主任要建议家长千万不要事无巨细地唠叨和大喊大叫，这会让孩子产生厌烦心理，并且觉得家长"没有权威"。

2. 请家长注重成果验收：孩子对着书本学习一晚上，做了几道习题？有没有完成学校全部作业？准确率怎么样？字迹怎么样？前一天的作业准确率怎么样？背诵效果怎么样？这些是家长翻翻孩子的习题集和简单抽查就能发现的。教师要多次跟家长强调，注意成果验收，以成绩为切实依据，而不是坐在桌子前的时长。

【案例聚焦】

对"假努力君"说再见

周末的一天上午，我接到了一位朋友的求助电话。隔着电话，我能感受到朋友在电话另一端的焦躁、无奈和百思不得其解的心情。她的女儿小樱和我女儿都上初一，儿子在小学四年级。据她反馈：儿子天性好动、活泼开朗、学习偷懒，女儿乖巧懂事、学习勤奋，但成绩不太理想，与她的付出不成正比，昨天期中考试成绩揭晓后，她成绩不好，一直伤心地哭哭啼啼。朋友看着心疼，也纳闷孩子的成绩为什么和平时的努力不成正比例。朋友说女儿上初中后的这两次成绩都考得不理想，所以打电话向我求助，让我帮忙查找原因、寻找对策。

我让小樱下午带着各科试卷到我家来，我先看看她试卷再说。下午2点小樱准时到来，双眼的红肿仍没消退。我发现她试卷中的很多错误都是因为基础知识没掌握牢固，尤其超乎我预料的是她的历史、地理、政治这样的背诵科目都不及格。她妈妈说考试前每晚小樱都要熬夜到11点背诵各科，抽背时她也都能背下来，但考试时她却考不出分数，尤其政治的几个问答题，她答得张冠李戴。

作为一名老班主任，我在教学生涯中也会遇到这样的孩子，我大体能够猜出问题的症结所在。但是为了验证我的猜测，我先后向小樱的各位任课老师了解她的学习情况。绝大多数老师反映，按照小樱的课堂表现和作业情况等，她的成绩不至于这么不理想。为了解她父母在家的教养方式，我要求她父母录制一个平时督促两个孩子学习的视频发给我。视频中小樱弟弟活泼多动,如坐针毡,学习不过5分钟就着急起来喝水、上厕所、吃水果。相比之下小樱安静得多,妈妈一直把姐姐作为榜样来教导她弟弟。这无形中强化了小樱好好表现、给弟弟做榜样的自我满足和迎合妈妈表扬的双重心理。

通过全面而综合的分析我可以断定小樱的问题症结是假努力现象,导致这种行为表现有两个原因:一是她自身的虚荣心和自尊心强,非常渴望得到他人的认可和表扬。二是她父母的过度评价,经常把她作为她弟弟学习的标杆,这无形中强化了她的假努力现象,而对于学习的真正意义以及明确的学习计划她是没有的。所以学习时她只是死磕时间点、按部就班,缺乏独立思考和自我规划,只知道按照老师发的提纲机械背诵、完成背诵任务即大功告成,对于每道题的内在逻辑和意义使用却不求甚解,甚至张冠李戴。

找到了问题的症结所在,也就找到了问题解决的方法。我要求她父母改变传统的表扬方式,开启家庭竞赛式育儿。首先我给小樱妈妈说了传统树标杆育儿方式所带来的弊端:这既滋生了小樱的虚荣心,导致假努力现象的出现,又挫败了儿子的积极性和自尊心,让他在和姐姐的比较中越来越没有信心。开展家庭竞赛时可以寻找多个竞争维度,如专注小达人、学习效率小达人、学习计划小管家、及时复习小明星、考试进步小明星、运动小达人、家务小能手,通过公平竞争激发每个孩子的内在潜能,让竞争维度成为努力方向,两个孩子在竞争中、在不服输的精气神中不断超越自我、完善自我。听了我的劝告后,小樱妈妈马上实行,现在两个孩子正朝着越来越好的方向发展。

孩子的行为就像露出水面的巨大冰山的一角,我们不能仅仅盯着孩子表面的行为,而应该思考其行为背后的真实目的和动机。面对假努力现象,我们首先应该仔细鉴别,然后寻找其背后的真实原因,采取相应的解决措施。

(威海市塔山中学　姜文君)

第 14 问:如何帮助初一新生快速适应初中学习?

【老班难题】

小升初是学生人生成长中一个重要的转型点。初中与小学学习差异巨大,由三门课增加到七门课,课程内容增多,难度加大,课堂节奏快,作业多。如何帮助初一新生尽快适应初中的学习生活,不至于因跟不上学习节奏而产生厌学心理,顺利实现小升初的过渡,是初一班主任的一项艰巨任务。

【寻根究源】

一、学生原因

小学学习内容相对简单,所以学生容易得高分甚至满分。如果在初中开学前的暑假没有做好心理准备,在踏入陌生的初中校园后,突然面对增加的学科、增大的难度和增多的作业,学生很难快速适应,甚至有的学生在小学成绩一直比较优秀,到了初中就出现成绩下滑的现象。

二、教师原因

小学知识点少,老师讲课以形象、生动、趣味性的形式来引导学生学习。到了初中,知识量大,老师注重引导学生由形象思维向抽象思维过渡,很多时候是启发、拓展,需要学生由被动学习转为主动学习,有的学生很难一下子适应。

三、家庭原因

家长对于初中学习不了解,对"准初中生"的关注度不够,没有提供力所能及的帮助,也不利于初一新生快速适应初中学习。

【解忧锦囊】

一、学生方面

1. 培养学习热忱,认真对待每一门学科。很多同学一开学就感觉很新鲜,而且到了青春期,很多心思并不在学习上。然而初中的学习节奏和学习强度跟小学不能同日而语,所以学生要收起玩心,认真对待每一门学科,培养学习兴趣,打好基础,否则,一开始落下,到后面要追会费很大的劲。

2. 学会做计划,合理安排时间。有人说,初中的学习,与其说是智商的比拼,不如说是学习时间安排上的比拼。小学老师会把很多学习任务都安排好,而初中老师注重培养学生的自律性和计划性。好的计划会让学生根据事情的轻重缓急更好地分配精力和时间。

3. 学会预习、复习。上课前一天,如果先把老师第二天要讲的内容通读一遍,圈出自己不理解的地方,上课的时候带着问题听课,听课效率会大幅提升。由于初中课堂容量较大,学生在课上很少有时间进行总结和归纳,想要巩固以前的内容需要课后完成,所以除了上课认真听讲、做好笔记外,课后要自主复习,在学习中处于主动地位。

4. 提升背诵能力。无论语文的古诗词、文言文,英语的单词、词组、句型,还是道法、历史、地理、生物的知识点,学生都需要背诵才能拿高分,所以在初一刚开始就要按照记忆规律,掌握背诵技巧。

5. 重视数学思维,狠抓计算。数学是初中学习的难点,也是绝大部分同学花时间最多的学科。跟小学不同的是,初中数学是代数和方程思维,所以先要把有理数和整式学好,把概念和定理掌握透,这对后面其他理科的学习至关重要。此外,还要狠抓计算,这是很多同学都忽略的地方,却往往是他们丢分的重灾区。

二、教师方面

通过温馨的入学班会、班级团建、心理摸排、家长学校等活动,增进初一新生和家长对学校的认同感和对班级的归属感。刚入学一个月,教师应放慢讲课节奏,教给学生学习的方法,让学生慢慢适应初中学习,找到学习的成就感,增加学习动力。

三、家庭方面

班主任要通过班级群、家长会等渠道告诉家长关注孩子在初中学校的适应情况,多与孩子聊天,加强对孩子的陪伴,不要太焦虑,不拿孩子跟别人家的比,把关注的焦点从学习成绩转移到关注孩子的内心需求,学会尊重、平等地与孩子沟通,多一分信任,多一分理解,与孩子站在一起面对、解决问题。同时,家长要学会与老师沟通,如果孩子存在特殊情况请与老师加强沟通。

【案例聚焦】

新起点，"心"适应

都说九月是充满希望的季节，每年九月，总有一群活泼可爱、充满希望和力量的"小萌新"走进校园，走进班级，走进属于他们的初中生活。有一年与他们初次见面我就发现，这群小朋友说话的分贝巨大，随意接话，很难控制。没过几天，这个和那个吵起来，那个和这个打一架，桌洞看起来像爆炸现场，作业交得七七八八，卷面写得不忍直视……为什么会这样呢？于是，我换着花样尝试，变着法儿探索，和他们一起，从新的起点开始，用"心"适应属于我们的初中学习和生活。

一、爱集体，才能为学习铺路

刚刚开学，初一千头万绪的工作已然让我分身乏术，如果还要时常处理学生的各种矛盾纠纷，实在太容易崩溃了。怎么办？唯有积极改变。

我思考后，发现学生虽然经历了学校组织的入学仪式、开学典礼、军训等活动，但我的班级好像还缺少了个性化的团建，学生彼此之间依旧陌生，仿佛只是被组合成了一个班、坐在了一个教室而已。于是，我带领全班来到操场，玩了一场"快乐人际网"游戏，大家将手中的毛线球抛向自己的老朋友或者想认识的新朋友，坐在草坪上聊聊自己对新集体的希望和自己能为大家做的事。在掌声和笑声中，大家的心贴得更紧。在事后和学生的相处中我也发现，有矛盾时，失去斗志时，遇到失败时，每当我提到那场游戏，都能唤起彼此美好的回忆。我也和同学们约定，要在他们告别初一的时候再玩一次这个游戏，相信那时我们的"人际网"一定会更加紧密。

二、会整理，才会让学习增效

不可否认，小学和中学的学习从数量到难度都不是一个重量级。拿着小学的那套学习方法和习惯上初中一定是要栽跟头的。但是，一上来就给学生讲大道理，没有用，给学生讲学习方法，太抽象。我思前想后，决定从他们能听懂、可执行且立竿见影的生活常规入手，开始个人内务训练。一开始我列出了从早上上学到晚上放学甚至回家后的一日常规，但发现对于初一的学生而言，他们记不住也做不到，于是我只从中精简出两条来让他们对照执行。

1. 每天早上进教室后先交作业,再把书包掏空后塞进小柜,最后抱着书本和笔袋回到座位。重点是不走回头路。

2. 每天放学时组长检查记作业和收拾书包的情况,我站在教室后面检查全班的桌箱摆放。重点是不漏一人一物。

很快,大家就提升了早上的效率,也大大减少了漏记或忘带作业的情况。接下来,为了解决一小部分学生每天要花费很多时间用来找东西(找作业、找卷子、找书)的情况,我又和家长建议,给这部分学生买几个专用文件袋,分科目把卷子整理好,找起来快速,不耽误上课。我始终坚信,学生不会整理自己的物品,又怎么会整理知识呢?磨刀不误砍柴工,相信好习惯会让学生受益良久。

三、爱阅读,才能为学习续航

我作为语文老师,对阅读是有一种执念的。阅读在人一生的成长中起着不容忽视的作用。苏轼有诗:“粗缯大布裹生涯,腹有诗书气自华。”阅读能够拓展生命的宽度、增加人生的深度,从书中获得前人的智慧,从书中汲取走向未来的力量。这也是作为班主任的我,最希望学生能够从我们的班集体收获的东西。

于是,我带的每一届班级,都以阅读作为班级特色文化。每天晚上学生都要拿出二十分钟到半个小时读书,整理读书笔记。每一天的值日班长也是读书成果播报员,需要和同学们分享自己近段时间的读书内容和读书感悟。相信有了大量经典文章的输入,定会有将来博雅通达的质的飞跃。当然,我也会通过家长会和班级群,鼓励家长和孩子一起阅读,一方面能密切家庭关系,一方面也能够让家长和孩子一同成长。

总之,学生升入初中,学习科目增加,学习内容也增多变难,加之来到新环境,结识新同学、新老师,学生难免有压力、有畏难情绪。这时,班主任要多留意学生的变化,及时给予正向的引导。我愿意用自己的努力,给予初一新生有温度、有智慧的规范和引导,在陪伴和守望中静待一年又一年桃李芬芳。

(青岛滨海学校 周璐)

纪律养成篇
心有规则，画好行为
规范之方圆

第 15 问：学生打架、闹矛盾，班主任该怎么办？

【老班难题】

初中的学生正处于青春期，容易冲动，学生之间可能发生矛盾，甚至打架。如果不及时处理，会严重影响学生的身心健康和校园安全。班主任该如何妥善处理和及时化解这些偶发事件，促进班级教育教学工作的顺利开展呢？

【寻根究源】

一、学生方面

1. 缺乏足够的社交技能和经验。中学生处于身心发展的关键阶段，正在逐步建立自我认知和身份认同。然而，由于普遍缺乏足够的社交技能和经验，他们难以有效地解决人际冲突。因此，他们容易感到挫败和沮丧，从而发生冲突和争吵。

2. 缺乏有效的情绪调节和决策能力。中学生普遍存在情绪化、易冲动等特点，当面对人际冲突和争吵时，他们往往不能冷静思考和表达自己的情感需求，容易产生冲动行为。

3. 精神世界空虚。有些学生空虚的思想已经被暴力充斥，成为打架斗殴的重要诱因。

二、学校方面

1. 学业压力：中学生需要面对学校的课业压力，这些压力可能会导致学生情绪不稳定，影响他们与同学之间的交往，容易发生冲突和争吵。

2. 竞争环境：学校是一个竞争激烈的环境，中学生通常需要在学习、运动和其他活动中与同学竞争。这种竞争可能导致一些学生感到焦虑、紧张,进而对同学产生攻击性,导致人际冲突和争吵。

3. 社交压力:在学校里,中学生需要与不同年级、不同班级的同学交往。一些学生可能面对社交困难,难以与同学建立友好关系,这种社交压力也容易导致人际冲突和争吵。

三、家庭方面

1. 家庭教育不当:一些父母在子女成长过程中缺乏正确的教育方式和方法,可能过于严格或过于宽容,导致孩子的性格和行为出现偏差。

2. 家庭矛盾过深:家庭内部存在矛盾,会给孩子造成很大的心理压力,影响他们的情绪和行为。这种家庭矛盾可能会让孩子在与他人交往中更加敏感,容易产生冲突和争吵。

3. 家庭关爱缺乏:一些父母忙于工作,很少和孩子进行交流和互动。缺乏关注和陪伴,孩子可能会感到孤独和无助,从而在与他人的交往中产生冲突和争吵的可能性增加。

四、社会方面

1. 受影视媒体影响,崇拜影视作品中的负面人物,于是在现实生活中模仿。

2. 暴力网络游戏的影响。那些充满打杀血腥场面的暴力游戏会给青少年的身心健康带来极为不良的影响。虽然他们在游戏中经历对峙搏杀,暂时得到一种快感和乐趣,但也很容易模糊现实和虚幻之间的界线,从而造成真假错位。另外,在游戏的暗示作用下,青少年会从内心倾向用简单粗暴的方式来解决现实中的问题。

【解忧锦囊】

一、学生方面

1. 换位思考,认真反思。换位思考是一种解决矛盾纷争的有效方法,从换位思考中,学生自然能体会出自己言行的盲目性和冲动性,更好地反省自己的不足,从而有利于矛盾的化解。

2. 自我疏导,调节情绪。学生应掌握一些调节情绪的方法,遇到问题积极主动解决,从而达到自我疏导的目的。

二、学校方面

1. 以点带面,集体教育。学生之间的冲突看似偶然,但是从中也反映出可能存在的问题。为此,教师要以此为契机,对全班学生进行一系列的教育引导:如何正确进行沟通交流?面对突发状况时应该如何正确处理?如何正确处理生活中的矛盾?

2. 理智应对,温情关怀。面对学生的矛盾,如果涉及暴力冲突,教师首先要冷静,将冲突双方分开,避免冲突进一步升级,同时应当尽快疏散围观的学生。待矛盾双方冷静后,教师可以了解一下事情的经过、矛盾产生的原因等,给予学生情感宣泄的机会。如果是小矛盾,则要先观察,给予学生温情关怀,再寻找教育的契机,引导学生发现新角度、自己的不足、站在对方的角度考虑问题。

3. 持续开展心理健康教育。关注学生的心理健康状况,及时发现和处理学生的心理问题,减少因心理问题导致的校园暴力事件。

4. 细化学生管理制度。制定和完善班级公约,明确学生的权利和义务,加强对学生的管理和监督,奖惩结合。

三、家庭方面

1. 家校共育,齐心协力。可以采取讲座形式向家长阐明营造和谐家庭环境的重要性,传授正确处理冲突及有效沟通等方面的知识。

2. 沟通交流,增进了解。家长要经常与教师进行沟通和交流,及时了解孩子在家里的表现,以及交流孩子在学校的表现。

3. 关注孩子的交友,时刻关注孩子的心理状态。

四、社会方面

1. 引导学生树立正确的价值观。

2. 引导、教育学生远离暴力网络游戏,正确使用网络,遵守网络公约。

【案例聚焦】

让我慢慢地走近你

一

狼吞虎咽地吃完午饭,我便匆匆忙忙地赶回教室。和前几天一样,教室里静悄悄的,弥漫着学习的气氛,毕业班紧张的氛围慢慢升腾起来。但是平静的背后,我总觉得哪里有些不对劲。果然,我刚环顾一圈在教室后面坐下,航便走到我面前,眼睑上还挂着泪花,"老师,我被打了……"航委屈地说。

打架可不是小事,是谁打的呢?为什么呢?我只比学生晚到教室几分钟而已,怎么就出了这么大的事呢?我让航把事情的经过详细地讲给我听。可是,我越是着急,航越是说不清楚。航从小听力就有问题,需要用助听器才能听得清别人讲话,也是因为听力障碍,航吐字不是很清楚,口齿不利索,而且平时说话的声音出奇大,但是他自己却意识不到。他的话特别多,排路队时、自习时、上课讨论时,常常能听到他借机和前后左右同学闲聊的声音,所以常常出现这样的场景:老师喊着他的名字,周围的同学都听见了,只有他还沉浸在聊天中滔滔不绝。

为了了解事情的原委,我把航叫到了教室外面,让他慢慢说。原来在吃完饭回教室的路上,航遇到了以前班级中的三个男同学。这三个孩子是多年的"死党",仗着自己身形高大并且人多,小打小闹地欺负别人也是常有的事。以前的体育课上他们就欺负过航,和航有点小摩擦,现在分了班,不用顾忌以前班主任的情面,三个人就想再欺负欺负航。他们尾随着航到了我们班的教室门口,推搡了他几下。午饭后,正是学生自由活动走动频繁的时候,这么多人目睹了这一幕,难道没有一个人站出来制止吗?我问航,航的眼神立马黯淡了。我又把班里的学生干部和几个目击者叫了出来详细了解情况,问他们为什么不站出来制止,孩子们都沉默不语,但是沉默中似乎并没有因为自己的无所作为感到内疚。

虽然班级是刚刚组建的,学生彼此之间还不熟悉,凝聚力也没有建立起来,但是他们怎么能眼睁睁地看着自己的同学被打而无动于衷呢?即便航平时不讨大家喜欢,他们也不至于这么冷漠吧?是那三个孩子在级部中威名远扬,还是孩子的正义感缺失呢?等孩子们都回到教室后,我一个人在办公室思考着这件事。平静下来,我想:一定是因为当时没有一个人敢于上前,在"枪打出头鸟"这种思维的影响下,即便有人想出头,也选择了默默地"随大流",寻求一种隐蔽的安全感。另外,大家对于这个特殊的孩子还没有完全从心里接纳。

我让航写了一封信,道出自己被欺负的心声。三个孩子通过航的文字深入了解航的内心,最终认识到这样的欺负给航的身心造成的伤害,当即决定要在全班同学面前给航道歉，并且承诺今后主动做航的守护天使，让他感受到学校大家庭的温暖。三个孩子真诚的话语打动了班级学生，他们也不再抱着看客的心态对待这件事，而是将航视为和自己一样的有喜怒哀乐的正常人，眼神中流露出对航的歉意和对自己行为的懊悔。就这样，航走进了同学的内心。

二

英语口语考试需要班主任协助，我负责带学生到微机室。大部分孩子都戴上了耳机，进入了考试的状态，这时候我看到航抻着脖子把头使劲地偏向左边，翘首看着另外一个学生，手里还拿着类似于小积木的玩具，在给对面的孩子示意。看到这一幕，我内心立马升腾起一股愤怒：期末英语口语考试马上就要到了，不抓住这仅有的几次模拟机会好好练习，还像个孩子一样就知道玩？我怒气冲冲地快步走到航面前，狠狠地瞪了他一眼。

看到我过来，航伸出去的脑袋立马缩了回去，眼里的光也收敛了不少，但是眼神中带着一丝哀怨，手里摆弄的东西还没放下。我走近一看，应该是我没有见过的助听器的部件。因为戴上了耳机，就可以把助听器拿下来了。我转到航身后，他安静下来开始考试，但我的内心像打翻了的五味瓶一样百感交集。

我的第一反应是内疚和自责。我刚才那一个严厉的眼神，是不是深深地伤害了这样一个特殊的孩子呢？命运的不公让他承受着身体的痛苦和精神的折磨。他多么需要阳光和微笑啊，然而我却给了他一双冷眼。

但是，他摆弄着助听器是不是在刻意提醒我得特别关照他呢？有恃无恐！我想像这样的有恃无恐，他从小就经历过无数次了。家长觉得对不起他，承担了所有能帮助他的事情，一味地退让。老师觉得他可怜，对他的要求难免放得松一些，所以航的作业隔三岔五就会出现没做完的情况。在这种环境下，他已经自动把自己矮化为在犯错误时只需依靠同情和可怜就能被宽容的人。知道自己的特殊并利用自己的特殊，这样时刻拄着精神拐杖的孩子，如何能成长？

三

自此，我便在语文课的素材积累方面做着细微的调整，有意无意地为孩子们推荐一些精心挑选的文章。

"95后"湖北小伙赵经远，自小患"肌张力障碍"，无法正常听、说和行走。5

年来,他凭着超人的毅力看完30万张星图,成功发现4颗超新星和2颗河外新星,最远的距地球约2.5亿光年。"别人觉得我身体有病,不可能干好一件事,我不但干了,还干得很好!""我见星河多妩媚,料星河见我应如是。"身残志坚的赵经远从未把自己当作特殊群体等待着垂怜,而是达到了普通人难以企及的高度。

2021年5月,很多高三学子紧张复习迎考之际,扬州市特殊教育学校聋单考单招班10名学生,已经被高校录取,其中7人考上了本科,3人考上了专科。背后的无数艰辛我虽然不能体会,但是由衷地为他们鼓掌,努力和付出会赢得尊严,向命运低头屈膝只能换来垂怜。

这些和航情况相似的孩子,用自己的毅力与命运做着斗争并且大获全胜!一天晚上放学时,航悄悄地走到我身边。"老师,我帮您拎着电脑。"航这么主动,应该是有事找我。我心照不宣地给航一个大大的微笑。从教学楼并行到学校门口的这一段路,航跟我聊了很多,即将分别时,航告诉我说:"老师,其实你做的,我心里都懂,我也会努力考上心仪的学校,谢谢你。"说着,他深深地鞠了一躬。

看着航蹦跳着远去的身影,我知道,我已经走进了他的内心,而他,也必将走入更广阔的人生天地。

(威海市第七中学　王丽娜)

第16问:学生早恋,班主任该怎么办?

【老班难题】

早恋,是学生时代的热门问题,也是学生、老师和家长需要共同面对的挑战。发现学生有早恋迹象时,班主任应深度分析早恋形成的原因,学会如何与早恋学生交流和如何在班级范围内应对和预防学生早恋。

【寻根究源】

一、生理因素

随着年龄的增长，孩子的生理和心理也在发生着变化。伴随着性激素的大量分泌，孩子会对异性产生好感，男生和女生之间容易互相吸引和爱慕。

二、心理因素

随着青春期的到来，孩子的身心逐渐成熟，思想、性格、情感都在急剧变化，进入"第二次断乳期"。在这一时期，他们渴求友谊，希望通过交朋友来倾诉心中的烦恼和疑惑。而由于他们的心理是半幼稚和半成熟的，在猎奇和盲目效仿的过程中有可能误把友情当成爱情，其中意志薄弱者则可能发展为早恋。

三、家庭环境因素

孩子在不同的家庭环境下，会形成不同的世界观、人生观和价值观。一个良好的家庭环境对孩子的成长有积极作用，但当家长与孩子之间缺少有效沟通，甚至孩子感受不到来自父母的关爱和理解，如父母长期不在身边、家庭关系破裂等情况，就会容易被同龄异性的关心与温暖打动，从而引发早恋。

四、社会环境因素

网剧、自媒体等对恋爱风向的引导，导致学生出现认为"谈恋爱很甜""早恋很酷"等不良心理。

【解忧锦囊】

一、个体化早恋

单独对学生进行恋爱价值观的引导，引导学生树立正确的恋爱价值观念，并且能够把这种恋爱观念根植于他们以后的生活中。同时与家长沟通，引导家长在与学生沟通时，也有意识地进行正向引导。

二、群体化早恋

如果班级大面积出现早恋现象，这个时候首先要解决班级整体的恋爱价值观问题，最有效的方式就是开展主题班会，让学生意识到早恋的危害以及从众心理的不良影响。同时要让学生意识到早恋是他们成长过程中的正常现象，不增加他们的羞耻感,给他们鼓励,对他们以后的恋爱提供正向、积极的能量。

三、做好家校沟通

通过必要的家庭教育指导,让家长多学习相关的教育知识,尤其是关于性和早恋的教育常识,帮助家长正确看待子女的早恋。了解到子女的早恋情况以后,父母不要让孩子背上心理包袱,平时要使孩子感到父母是可以亲近和倾诉的对象,使他们心情放松,自然不会只把心思放在某个异性朋友身上了。

【案例聚焦】

羞答答的玫瑰,静悄悄地开

曾经班里有这样一对"早恋"的学生。初三一天中午午休时,学生都趴在桌子上午睡,我在讲台上看着熟睡的可爱的孩子们,突然发现男生林在抚摸女生惠的头发,两人含情脉脉地注视对方。

他们两个看到我后愣住了,我示意他们两个下楼,一起走到了操场,支开了女孩,让男生和我一起在操场上闲逛。我们一边走着一边聊着,男生告诉我他的爸妈很早就离婚了,他和妈妈相依为命,妈妈每天牢骚满腹,唠叨不断,天天数落他爸爸的各种不好……而这个女孩的父母属于粗暴型,家庭不和谐,母亲又生了二胎,这些都导致孩子在家里得不到关注、得不到温暖。两个孩子在学习的成就感不足,兴趣爱好单一,再加上是同桌,促成两个孩子在相互帮助过程中,将注意力放在了彼此欣赏上,加上自制力差,就有了上面的情景。

这对班级内部"小情侣"的影响已不容忽视,班级需要正确的舆论导向和风向标。于是,我采取了以下措施。

首先,我利用课余时间分别和班里的学生聊聊,从爱和责任两个方面和他们谈了谈,分析了一个有责任感、担当感的孩子会怎么去面对一份懵懂的感情。

接下来,我分别给男女生开了一次圆桌会议。先与班上的女同学进行了单独交流,在交流中我给她们讲了钱锺书和杨绛一字情书的浪漫故事,她们也畅所欲言,讲了她们心里的爱情观。整个会议轻松诙谐,也在这样轻松的氛围中,我引导她们要保护好自己、别让自己受伤等。再和男生们在操场上进行了一次圆圈会议,我们以"抓手指"游戏开始,玩真心话。大家都直言不讳地讲述了自己内心的一些波动,有关爱情、有关亲情等。我也和孩子们分享我对爱情的看法和现在大众对"优质男"的标准，鼓励他们男儿志在四方，要不断充实自己、提升自己。

同时，我利用班会课，召开了主题班会，听评歌曲《窗外》，让同学一起分析《窗外》的歌词，引导学生分析歌词，引发他们的共鸣，使之内省，理智地对待自己的感情，把握与异性交往的分寸，锻炼其控制情感的能力，让学生明白爱情的美好和爱情责任的重大。

在这之后，我担心他们会刻意保持男女距离，不利于班级的凝聚力。我又借助团体游戏打破前段时间"早恋风波"带来的紧张，让学生回到和谐愉悦轻松的班级氛围。我还倡议家长多抽时间陪伴自己的孩子，和孩子交流，关注孩子的成长，也和家长达成一致"这种情况非常正常，宜疏不宜堵"，多引导孩子保护自己。

"早恋"是很常见也很正常的一种学生心理活动。在发现后，班主任应该以生为本，不轻易否定一个学生，更要结合实际用灵活多变的方式保护并引导学生，鼓励他们面对问题、解决问题，更应该给他们留够时间去处理。

（威海市塔山中学　李文娟）

第 17 问：学生逃课或逃学，班主任该怎么办？

【老班难题】

学生逃课的现象，已经成为班主任经常面对的问题。要解决问题，先要找到问题的根源，只有找到根源才会让那些逃课的学生重返课堂。中学生厌学旷课、逃学的原因是多方面的，有学生自身的，有学校的，有家庭的，也有社会的。那么如何处理学生旷课问题呢？

【寻根究源】

一、学生方面

1. 对某门学科或某个老师的恐惧。比如学生某门学科成绩不好,而第二天到学校要进行汇报展示、过关测试等,学生就会对这即将到来的事情产生恐惧感,有不想上学的念头。或者某个老师曾经批评过这个学生,学生就会害怕上这个老师的课,因而产生厌学念头。

2. 对学习的内容不感兴趣。当学生对学习内容不感兴趣时,也会出现逃课的现象。

3. 怀念请假在家的放松和舒适。如果学生前一段时间刚好生病请假在家几天,习惯了家里的舒适,不仅不用上课、不用写作业,甚至还可以看看电视、玩玩游戏,当身体好了要恢复上课的时候,会突然感觉有点不适应,因此非常怀念请假在家的放松与舒适,有的甚至继续装病,趁机在家里多休息几天。

4. 作业没有完成,这是学生逃学最主要的原因。每次小长假或大长假结束复课的第一天,经常会有学生请假,请假的真正原因并不是生病了、身体不舒服,而是家庭作业没有完成。

二、学校方面

1. 中学生对新老师性格、授课方式不适应,会让他们产生逃离的想法。例如有些老师比较严肃,学生不喜欢这种风格,就会选择远离。

2. 逃学的学生学习基础比较差,成绩不理想,老师对其施加了很多压力。

3. 逃学的学生由于和同学的关系不理想,认为自己在班级和学校没有好朋友,没有安全感,所以选择远离。

三、家庭方面

1. 与父母的关系不和谐。大部分逃学的学生在家庭生活中与父母的关系并不和谐。这种家庭中的父母对孩子缺少必要的关怀和沟通,有的训斥甚至打骂孩子。孩子长期得不到父母的关爱,对生活和学习失去信心,从而选择了逃学或者离家出走。

2. 家长对孩子的要求过于严格。部分家长的文化水平不高,在工作等各方面吃了学历的亏,不想孩子步自己的后尘,以至于很多家长在孩子学习上过于严格要求。在父母长时间的压力下，孩子会产生厌学心理。

四、社会环境

社会风气中有功利化倾向，很多低文化程度的网红的涌现也带动了"学习无用论"的产生。

【解忧锦囊】

一、学生方面

1. 通过各种方式和手段提高学生对学习的兴趣。例如班级开展竞赛活动让学生进行 PK，或者是设置奖励机制，激发学生对学习、学校的认可和喜欢。

2. 帮助学生克服懒惰心理。让学生理解完成作业是学生分内之事，一定要认真完成。同时和家长做好沟通，一定不能让学生产生因为病假舒适就放弃上学的错误想法和观念。

二、学校方面

1. 多关注孩子学习情况。班主任联合任课老师多关注每个学生的在校表现情况，及时察觉学生出现的心理异常及行为异常。学生知识点掌握情况不尽如人意的时候不能一味批评，要用耐心和爱心去教育他们。

2. 分层教学。有的学生对学习看不到希望，就产生厌学情绪，对这样的孩子要充分挖掘他们身上的闪光点，找到他们在班级中的价值感，然后逐渐引导其对学习产生兴趣。还有一部分学生感觉内容太简单，造成"吃不饱"的现象，对于这种学生，要适当对其拔高，给他们一些有难度的任务去挑战。

3. 加强与学生和家长的沟通。学生出现未到校的现象，班主任务必第一时间联系家长，首先排除安全问题，其次了解清楚其逃课的真正原因，然后和家长联手做学生的思想工作。

三、家庭方面

1. 家长要学习些专业的育人常识，通过听讲座、视频等进行学习，采用合适合理的教育方式和手段来与孩子友好沟通。

2. 与班主任建立良好的家校关系，形成家校合力，共同助力孩子健康成长。

四、社会环境

召开主题班会，针对社会鼓吹的学习无用论进行有效的纠正，帮助学生树立正确的价值观。

【案例聚焦】

"网瘾"少年的中考之路

事情起源于一件跨班级的欺凌事件,几个女生在体育课上的一点小摩擦,导致了后来在网上对骂还要约架。我在处理的过程中,牵扯出了一个事件的重要参与者——小浩,一个闷不作声的大男孩,平时我都没见他跟班级同学有过交流,下了课也是自己一个人,就这样一个孩子,我想象不到他能在网上参与这种事件。

我跟家长沟通才知道,小浩手机瘾特别严重。自此我开始关注这个孩子,发现他上课总犯困,应该就是晚上熬夜玩手机导致的,我也跟他父母沟通要如何解决,他妈妈很困惑,说什么法都用了,就是无济于事。

直到有一天,小浩不来上学了,他妈妈开始着急了,给我打电话求助,说小浩整天躺床上,不肯出卧室,我便来到小浩家。原本我以为是孩子对游戏之类的感兴趣,我跟父母深入聊了聊才明白原因。妈妈这时候才跟我吐槽:原来他爸爸酗酒严重,不顾家,导致夫妻关系不和谐,妈妈总想离婚,对于孩子玩手机这个事,爸爸不是打就是骂,手机摔了好几个。妈妈还说,姐姐很听话,考上了大学,根本不用父母费心。

我从小浩妈妈的"哭诉"中听明白了原因:第一是父母关系不好导致家庭氛围紧张。第二是爸爸家暴,虽然他有力反抗,但是还要生活在恐惧中。第三是父母总拿姐姐跟他做对比。第四是孩子学习上属于边缘学生,需要努力才能考上高中。第五是孩子性格比较内向,没有朋友,不愿与同学交流。综上原因,小浩才通过手机在虚拟世界里寻找自己的价值,填补现实生活中未能得到的满足感。

妈妈听完我的分析,顿时醒悟了,于是我们协商:在家里,首先爸爸需要改变,对待家人的态度要缓和,喝酒要控制量,避免酒后发脾气。妈妈不要再提离婚的事情,跟爸爸最起码维持好表面的情感。姐姐上学不在家,不要总是拿姐姐和小浩做对比。每天逐渐控制小浩玩手机的时间,不要一步到位一点不看。

在学校,我请各科老师多关注小浩的上课状态,不能有打盹的现象;尽力营造氛围让其多交朋友;每天询问小浩昨天玩手机的时间,协助他做好计划。

我们达成一致意见之后,把小浩叫起来,爸爸妈妈也跟他做了保证,不打不骂,大家共同努力营造幸福和谐的家庭氛围。小浩听后连连点头,同意我们的说法,然后就跟我一起回学校上课了。

此后,小浩课堂上眼睛有神了。为了大家高效写作业,我每天留下看着大家写作业到晚上九点,孩子自愿留下,并由家长来接,小浩也留下来了,基本每天在学校时间能把作业写完,回家就可以有充足的睡眠了。他玩手机的时间在按照我们共同制订的计划执行,一天比一天少,直到有一天,小浩跟我说,其实手机也没有多大意思。看着眼前这个又高又壮的大男孩,我欣慰地笑了。

最终小浩考上了自己理想的高中。

(威海市第七中学　王亚平)

第 18 问:学生有"网瘾"倾向, 班主任该怎么办?

【老班难题】

信息时代,学生日渐依赖网络。近几年学生经常使用手机和电脑上网课,让他们形成了过度依赖手机、依赖网络的学习习惯。学生通过手机和同学朋友聊天,从而导致了部分学生有"社交恐惧症",回到学校后不知道如何处理人际关系。更糟糕的是,部分学生在网课期间以及节假日,以写作业为借口用手机打游戏、看小说,沉溺于网络无法自拔,导致回校后仍然戒不了网瘾,严重影响学习和身心发展,也给父母和老师带来了很多的困扰。

【寻根究源】

一、学生方面

1. 强烈的好奇心与薄弱的自控能力。中学生普遍求知欲旺盛,而网络能够使他们在包罗万象的网络世界里找寻自身想要了解的知识,满足好奇心。但由于中学生正处于身心发展剧烈变化的时期,分析、判断和自我控制能力较弱,人生价值观没有完全形成,不懂得筛选,抵挡不了网络的诱惑。从而有的人逐渐被网络控制,脱离现实生活。

2. 严重的自卑心理。网络空间的开放性、平等性、时尚性和虚拟性等特征,能够满足中学生对尊重、归属感、好奇心和自我实现等方面的心理需求。自卑的中学生所缺少的都能够在网络世界里得到极大的满足。

3. 人际交往能力差。安全感和归属感是中学生的基本心理需求,在急需人际交往而现实生活又不能满足的情况下,网络聊天、交友平台弥补了他们人际交往的缺憾。他们把网络作为逃避现实的避风港,在网络中寻找安慰和情感支持,从而造成网络成瘾。

二、学校方面

1. 课业压力:学校内各个学科叠加的作业较多、较难,使得学生只能依赖网络讲解或者搜索答案,使得对网络的依赖增强。

2. 竞争环境:学校是一个竞争激烈的环境,中学生通常需要在学习、运动和其他活动中与同学竞争。这种竞争可能导致一些学生感到焦虑、紧张,使得他们需要从网络中寻求出口。

3. 教育缺失:大多数学校没有在合理使用网络的问题上对学生进行指导,使得这个问题一直存在但是一直没有系统化地得到解决。

三、家庭方面

1. 缺乏有效的陪伴与沟通:随着青春期的到来,孩子在身体发育、思想认知等各方面都发生飞跃。随着对世界的探索和自我体系的建立,心理上也发生巨大的变化,出现很多心理需求,包括独立的需要、被尊重的需要、被认同的需要、归属感的需要、亲密感的需要、成就感的需要等。而这时候如果家长们忽视孩子的这些需要,孩子就会通过网络去满足这些需要,沉迷在网络的世界里无法自拔。

2. 无条件溺爱与放任：很多家庭中父母因为工作繁忙或者对孩子关爱缺失，从而溺爱孩子，导致他们迷上网络游戏。

【解忧锦囊】

一、学生方面

1. 确定目标，内在驱动。中学生要制定好自己一个学期的短期目标和长期目标，在目标的牵引下主动远离网络的不良影响。

2. 自我疏导，调节情绪。学习、掌握一些调节情绪的方法，遇到问题能从正面想方法积极主动解决，从而达到自我排遣疏导的目的。

二、学校方面

1. 要充分了解学生的个性心理。班主任要恰当地引导学生吐露自己的心声并耐心地倾听，摸清学生沉溺网络游戏的根本原因，然后再提出适当的建议。比如，有的学生沉溺网络是因为学习成绩不好，缺乏成就感，于是转移注意力，在网络中寻找成就感。对于这样的学生，班主任更应该关注学生成绩落后的原因，帮助他们提升学习成绩，以此找回自信心和建立正确的成就感。

2. 组织开展主题班会，使学生自发形成是非观念。通过班集体的教育，让学生自己讨论，充分认识到网络游戏对他们的伤害之重，以此提高他们的分辨力和自制力。

3. 家校联手，发挥教育合力。从学生的家庭情况来分析，很大一部分沉溺网络游戏的学生是留守儿童或父母关系不和睦。所以班主任应多与家长沟通联系，让父母给予孩子更多的关注和关爱，帮助沉溺网络的学生更快地从虚拟世界中走出来，建立良好的亲子关系，以"家庭温暖法"预防或戒除网瘾。家长对网络成瘾的青少年应尽量减少责备，尽可能进行交流，共同制订上网的行为契约、计划，形成良好的监督氛围，适时给予鼓励和鞭策。

4. 利用学校的心理咨询室，开展心理咨询，进行心理干预。对于网瘾青少年应提供心理疏导、危机干预服务等，譬如心理减压、抗逆力学习、优势视角发掘、学习减压、自信心培养。与此同时，向他们提供学习指导，协助他们树立正确的学习观、人生观、价值观和世界观，掌握正确的学习方法。

5. 提倡运动,开展活动。每天保证学生的户外运动量。教师要尝试找到学生的闪光点、擅长点,在校级的各类活动,如项目化、小组化活动中给予他们机会,根据其特点设置岗位、专职,鼓励学生积极参与,帮助学生找到现实生活中的获得感、满足感、成就感。

6. 作业多元,增加兴趣。假期的作业除了常规的练习、预习,还可以设置生活实践类、体育锻炼类、知识拓展、小调查、研究报告等作业形式,或是一个主题的作业允许学生任选一种形式完成,有利于学生找到自己的学习兴趣和乐趣。

三、家庭方面

1. 家长应反思自己使用手机的时长,是否也有"手机依赖症",为孩子做好榜样。

2. 家长给予孩子更多关注和关爱,认识到亲子陪伴的重要。

3. 家长与孩子约定使用电子设备的时长。规则制定要明确、具体、可视化、书面化。根据孩子制订的上网计划,家长要监督到位,培养使用电子设备的良好习惯。因为现在网络也存在一些安全隐患,青少年的辨别力和自制力弱,在征得孩子同意的前提下,家长可以进行一些设置,或者安装一些过滤软件、管理软件。

4. 家长要转移孩子注意力,多安排孩子感兴趣的活动,增加户外运动的次数。

【案例聚焦】

优生也"疯狂"

小乐是级部里的优生,提起他,之前的老师没有一个不夸他平时学习态度端正的。开学的第一天,我也开始观察他,但是总觉得哪里不太对。他虽然认真但是感觉认真过了头,整个人给人一种绷得很紧的感觉。物极必反,我担心哪一天他会出现什么反常情况。

敞开心扉走近他

一段时间后,我曾试着和他聊过这个问题。他和我坦言,自己的父母离婚了,平时跟着爸爸,爸爸期望高、要求严,慢慢就形成了现在的状态。在妈妈角色缺失家庭的孩子，往往会出现这样的状态。于是我便和他说，如果愿意，有麻烦时可以和我沟通，我会努力帮助他。半学期里，小乐的状态一直不错，顺利入了团，成绩稳定，和老师同学的关系也很友好。

设身处地理解他

寒假的一天，小乐的家长给我打来电话："老师，他白天要么玩手机，要么出去和同学玩，晚上回来一直要到十点钟才开始写作业，写到半夜，又睡不着了，就接着玩手机，老师麻烦您和他聊一聊……"寒假里，因为学生自我管理能力差，班级整体周作业上传都很不及时，没想到小乐也是这样的状态，我担心的事还是发生了。冷静分析后，我给他发了这样一段话："小乐，虽然我一直很希望你们能自律，但是你们这个年龄放了寒假想多玩一点，是再正常不过的事了，我非常能理解。你习惯晚上写作业也是很正常的，因为平时写作业都是在晚上，从生物学的角度上来说，到了晚上可能你的大脑皮层会更兴奋，完成作业的效率也都会更高。但是你是个对自己有要求的孩子，一天快结束的时候，如果没有学习就会焦虑有负罪感，所以才会出现寒假十点才开始写作业的情况。老师的建议是，寒假里白天可以没有顾虑地多玩会儿，晚上一定要专注、高效地去完成作业，例如可以从七点到十点，写到最后肯定你也累了、困了，这样也能休息好。"

小乐读后，给我回了这样一段话："谢谢老师，我和爸爸的关系一直不算太好，平时在学习上的争执也比较多，我会趁着寒假多和爸爸交流。老师您说的也是，一天一定要有三四个小时的高效学习时间才会充实，我以后会合理安排晚上学习的时间，管控好玩手机的时间，争取在十一点前睡觉，为以后的学习以及中考打下基础。"

用更高的目标指引他

小乐虽然成绩好，但也只是个孩子，我也担心他的这股劲头维持不了多久又回到原来的状态。于是，两个周后，我又找他聊，但没有谈及手机的问题，而是问他："级部里有没有成绩比你好的同学让你觉得不服气的？"他说："当然有。"接着就说出了几个同学的名字。因为我知道小乐是一个有上进心的孩子，于是便顺势激励他："其实，你和这些同学的学习能力不相上下，但是小安更加专注,小苏更加自律,小苑更加刻苦。学习就如同打仗,知己知彼百战百胜,如果你能学习他们的优点来提升自己,那么你一定会变得更强。"有了我这个"军师"的开导,小乐马上被激发了斗志,主动和我说,下次考试一定要进入级部前十名。听到小乐这样的回答,我知道他的内驱力被激发出来了。接下来假期的作业等,他完成的质量都很高,并且还会拿语文作文这种学习上的弱项主动求助我,和我探讨好作文的写法以及如何修改等。一个月的寒假过去了,开学回来的第一次检测,小乐考出了前所未有的级部第二的好成绩。

优生并不是"神",很多优生都是像小乐一样的"矛盾体"。一方面,他们有同龄人对玩的渴望,一方面,又会因为学习任务没有完成、学习目标没有达成而焦虑。因此,我们应该尊重他们休息放松的愿望,同时针对他们的学习特点,给予他们适当的指导,激发他们学习的内驱力和潜力,一旦他们找到了学习正确的节奏,构建了强大的内心"堡垒",那么外力的诱惑也就不攻自破了。

(威海市第七中学　徐妮妮)

第19问:接手班风涣散的班级, 班主任该怎么办?

【老班难题】

一个班级最重要的就是班风,如果没有良好的班风的话,就非常难管理。并且,一个班级的班风一旦形成就很难改变。每个班主任都会经历所谓的"好班"或者"差班"。遇到"差班"抱怨是最没有意义的,我们应该关心的是:手上就是这样一支队伍,该如何打造他们?

【寻根究源】

一、学生方面

1. 不自觉状态下"添"乱。很多学生都能看到并意识到班风差的危害，但因为个人习惯不好，不自觉地就给班级"添"了乱。

2. 界限不分，不自觉而"造"乱。有的学生没有分辨学校与家庭场合的不同，做出一些不合时宜的举动。由于班集体是学生集体学习和成长的地方，它有别于家庭和其他一些私人空间，这就有可能出现有些事情可以在家里做而不能在学校、教室做。一些学生由于对某些行为的是非观念模糊，也有可能在不自觉的状态下"造"乱。

3. 故意"捣"乱。部分学生由于青春期逆反心理作祟，常常持"唯恐天下不乱"心态，会故意做出一些不合群的破坏集体氛围感的事情，无视学校的各种规章制度，在班级、学校里故意制造事端，导致班级整体的风气不正。

4. 中学生由于从众心理，随波逐流，看到其他同学的一些极端不良行为，认为是个性的体现。所以他们会相互模仿，把不良的行为当成是标新立异，导致班级内出现不良风气。

5. 通过捣乱吸引老师和同学的关注。这种学生因为家庭教育及心理原因，希望得到更多关注，常常通过不良行为吸引大家的注意。

二、学校方面

1. 学校分班组建新的班级，常常依据分数，很少考虑孩子的个性以及家庭状况。

2. 有些学校过于重视学生的成绩，一切都以学生的学习成绩为主，不关注学生其他方面的发展，放弃了对学生的道德素质的培育。

3. 由于班主任工作烦琐复杂，许多经验丰富的教师不愿意从事，学校有时只能让年轻教师担任。他们缺乏经验，难免会忙中出错，让班级陷入混乱之中。

4. 学校频繁更换班主任，导致班级结构不稳定，无法形成稳定的班风和凝聚力。

三、教师方面

1. 制度不全。很多"差班"之所以"差"，是因为没有一套好的管理制度和管理方法。规章制度的内容没有涉及生活、课堂秩序、作息、清洁卫生、奖惩等多个方面。

2. 执纪不严。班主任作为班级管理者,不能自始至终严肃认真地执行班级有关规章制度,或者朝令夕改,或者随意降低要求,或者因人而异,或者半途而废,或者奖惩失度。由于执纪不严,班主任的威信下降,学生对规章制度的遵守大打折扣,一个班级也就失去了凝聚力,犹如一盘散沙,越来越乱。

3. 督促不力。学生良好行为的习惯养成,绝非朝夕之功。但班主任由于没能花更多的时间和力气去督促强化,致使整个班级良好的习惯难以养成,这也是班级班风差的一个原因。

4. 管理无绪。因为班主任对整个班级认识不透,对学生了解不够,不能够着眼于学生的发展去管理班级,管理思路不清,失去头绪,久而久之,也会使整个班级的风气变差。

四、家庭方面

父母对于学校或者班级工作不支持、不理解,将这样的负面情绪传递给孩子,导致孩子在心理上排斥班集体,做出一些不利于班级良好风向的事情。

【解忧锦囊】

一、学校方面

1. 在选择班主任时,学校管理者需要权衡再三,反复酝酿,最终确定人选。

2. 建立年轻班主任成长机制。学校管理者不能仅仅着眼于选人,而应该注重培养人。尤其是一些年轻人,不妨不要急着让其做班主任,而是与经验丰富的班主任搭班,使其充当经验丰富班主任的助手,一方面能减轻在岗班主任的工作难度,另一方面年轻班主任通过耳濡目染,往往能学到一些管理班级的诀窍。

3. 在选择班主任时,要加大奖励力度,让真正能做班主任的老师做有所值。

4. 分班不能随意,应该在分班之前对学生家庭、个性、习惯、分数等情况做具体而翔实的了解。

二、教师方面

1. 无视"闲言碎语",调整心态为班级把脉。"班风差班"的班主任一定要提高认识,全面树立"学生为本"的教学思想,一定要认真观察、分析"差"的根源,采取果断措施,切忌放任不管。

2. 首抓"差"的源头。"差"的源头很多,有的是制度荒芜,有的是班主任疏于管理,有的仅仅是少数几个学生带坏了一班学生。堵住"差"的源头,班风差班也就好管了。

3. 借助班级活动打造班级凝聚力。让学生有主人翁意识,参与班级活动,借助班级活动的成功提升学生对班级的荣誉感和责任感,在学生心里种下一颗班级凝聚力的种子。

4. 班主任要引导学生共同制定班规班纪。充分发挥学生在班级事务管理中的主人翁地位,发挥学生的主观能动性,将班级的主人地位还给学生,这样学生就会主动遵守了。

5. 掌握技巧,树立威信。管理一个班级,既要有战略,又要有战术。战略上要能够纵览全局,明察秋毫,熟知每一个学生的学情与性格特点;战术上要因材施教、对症下药,在求同存异中尊重不同学生的风采。要因地制宜,抓住关键人和事,震慑全体学生,树立个人威信。

6. 勤于观察,善于捕捉契机,为纪律差生树立榜样。管理一个班级,很多时候就是针对正确的人,解决正确的事,树立正面典型,一举形成良好的班风与学风。因此,班主任要找准既有调皮捣蛋的一面,又有正义感和渴望进步的一面的孩子,实施"差转中",甚至"差转优",从而为纪律差生树立正面典范。

7. 班主任要取信于家长,构建家校合力。班主任要多与家长沟通和交流,在班级事务中多干实事,让家长对班主任产生信任,才能形成家校合力,以后的班风管理才能事半功倍。

【案例聚焦】

接手班风"差班",不慌不乱做好"第一次"

作为班主任,最怕的就是接手一个班风差的班级。几年前,我曾接手过一个大家公认的"差班"。接手这个班级之前就听说过这个班级的"丰功伟绩",但是开学第一天的三个场景还是让我对这个班的班风之"差"瞠目结舌。

场景一:开学典礼的升旗仪式。伴随着雄壮的国歌声,鲜艳的五星红旗冉冉升起,整个校园都沉浸在庄严肃穆的气氛中。我班小部分同学却在悄悄地讲话、说笑,有个别的甚至在用手指指戳戳……整个班队伍混乱,按规定升旗仪式学生应穿校服,而我班竟有很多学生没穿……

场景二:班会课的开学第一课。铃声响过后,喧闹的教学楼渐渐归于平静,而我班教室里的吵闹声、呼喊声、相互追逐的脚步声此起彼伏,异常刺耳!当我走进教室用眼神示意后,教室总算安静了下了,哪知门口又响起了几声懒洋洋的"报告——",教室里马上一阵哄笑,乱成一团……

场景三:自习课上课铃响大约过了十来分钟,一些管不住自己的学生就开始"活动"起来:递纸条,借东西,交头接耳,下位,开玩笑,借口上厕所走出教室……班委干部一次一次苦口婆心地劝诫,可很多学生依然我行我素。渐渐地,整个教室乱开了花……

改变可以改变的,接受可以接受的,不让班风进一步恶化

我很快调整自己的心态:抱怨是最没有意义的事,抱怨会影响到行动的主动性,无所作为只会让事情更糟糕,给自己带来更大的烦恼,为什么不调整自己的心态,让这样一个班级成为自己职业成长中的契机呢?

我对自己说,带一个好班固然比较省心,但带差班对自己是更好的锻炼,是使自己快速成长的捷径。差班的发展空间大,进步容易看得见。把一个差乱班带出来,由此产生的成就感也会更加深刻,可资教育的素材会很多,这是机遇和挑战并存的事情。于是,我勇敢地面对现实,给自己提出了接手期间的要求:以良好的心态面对现实,以积极的行动改变现实,以平和心态接受现实。改变可以改变的,接受可以接受的,不让班风进一步恶化就是我的目标。

见好第一次面,定义众生

一个班集体即便是一个差班、乱班,也有自己的班级氛围或者气场。我很清楚不可能使其在短期内脱胎换骨,但是新学期面对新班主任,学生都对将要开始的新生活抱着一种好奇、新鲜和紧张,第一次亮相容易形成我们后期相处的基本格调。所以在接手之初我要精心设计第一次亮相。我是这样做的:在未与学生接触前,就跟原来的班主任或任课老师联系,了解班内学生的情况特点,一开学,就说出学生的名字和性格特点,尤其是优点,这样一下子拉近了师生间

的距离，同时告诉学生：我们将从今天开始，一起度过剩余的两年初中生活。每个人在我这里都是一个重新开始，给学生，特别是那些差生一个信心和机会：只你乐意，一切都可以重新来过。

做好第一周收心工作，初获认可

取得学生的好感，是接班后的头等大事，但是想让一个班级那么多人真正接受新班主任，单凭第一次见面的好印象并不能完全做到。而育人工作首先要攻心，赢得学生的信任，让学生感觉跟着我能进步，能提升。所以开学的第一周我一有空就和学生聊聊天，了解学生的想法和烦恼，指导他们怎么解决问题，放学后组织体育比赛，融洽师生关系。

开好第一次班会，"请君入瓮"

新班主任接班之后，总有学生想试探老师的底线，也总有学生在观望，看看新班主任究竟有什么能耐，可以把他们降服。我每一次接班，在班级纪律的管理上都要求非常严格，开学第一周的班会课就是全班一起讨论并制定好班级守则，之后的班级管理和违反处罚都按照班级守则处理。我自己也参与到班级守则的制定，我也要遵守制定好的守则，比如按时上课、下课，没有特殊情况不能拖堂，认真批改学生作业，不能体罚学生，学生给我提出的正确的建议要采纳。我能遵守规则，学生们也能遵守，实在有学生违反了，我也毫不留情地处理。

处理好第一个违纪学生，小示公允

班级有一个特别爱打架的男同学，在班级和学校里是"呼风唤雨"，没人敢惹。我刚接班的第一个星期，他就把隔壁班里一个孩子踢伤了。被打孩子的家长气愤地打电话和我说明了情况，我安抚好情绪激动的家长后，就拨通了这个男同学妈妈的电话。他在电话里一口咬定没有打，直到我把事情发生的过程详细说出来、旁观做证的同学有哪些，他才承认是他踢伤了人。接着我让他妈妈马上联系受伤的孩子，陪同她去医院检查，并当面致歉赔偿，上课时双方家长来学校解决。

没想到，我想公开处理时，家长不同意了，怕孩子背处分的思想包袱。我这样跟家长沟通：第一，我很理解他们对孩子心灵的保护，这是我一贯作风；第二，处分是保护，而不是打击，因为处分，让孩子知道做错了事情要承担责任，知道这世界上还需要有所惧怕的东西,这是保护他以后不再犯同样错误;第三,我欢迎他改正错误,处分前后他在我眼中都是一个有希望的孩子,我仍然对他充满信心。说了这三点之后,家长没有意见了,踢人的男同学在班上作了公开检讨。这事在学生中间引起很大反响:原来这个爱打架的学生老师并不怕他!即使有家长出面,都不能够改变处理结果,看来,这纪律真不能够违反。

当然,还有班级微信群里的第一次亮相、第一次活动、第一次劳动课、第一次班委会、第一次突发事件的处理、第一次家访、第一次家长会等,这些都是接手新班后要做出彩的。事实证明,只要根据学生的心理特点,找到合适的方式和方法,就会收到良好的效果。

造成一个班级班风涣散的原因有很多,其中"生源差"常是老师最多挂在嘴边的原因,但是抱怨生源问题恰恰是最没有意义的。教育是一个润物无声、静待花开的过程,教师一生会接手很多班级,教育很多的学生,于我们而言,他们是一串流去的数字,而于学生而言,我们曾经是他们的唯一,对学生有爱心、有理解、有包容,才能成为一个好老师。

(威海市城里中学 姜玉彦)

第 20 问:惩罚学生时,班主任如何让学生心服口服?

【老班难题】

没有惩罚的教育是不完整的教育,惩罚是对学生的不良行为或思想进行的否定评价,以帮助学生改正缺点与错误的方法。合理的惩罚有助于学生及时终止或纠正自己的不良品德和行为。那我们要如何把握好尺度,让学生心服口服呢?

【寻根究源】

一、学生方面

1. 性格使然。有的学生正处在叛逆期,或者性情较为耿直,对老师提出的惩罚不愿意接受。

2. 误会未解。学生没有充分申辩自己犯错的原因,导致事情本身的误会没有解释清楚,这时面对惩罚自然不能服气。

3. 青春期阶段,学生本身喜欢挑战权威,这与青少年的批判性思维发展、独立意识的提高有很大关系。

二、教师方面

1. 惩罚方式有问题。教师在实施惩罚时,必须考虑到惩罚的方式和程度。教师对学生的惩罚若过重或有损学生的自尊心,会导致学生抵触和不愿意接受惩罚。

2. 表达不充分,缺乏沟通和理解。教师如果没有让学生体会到采取惩罚措施的初衷,学生看不到教师的良苦用心,也不会心服口服。教师如果不了解学生的心理和行为,也难以有效地进行惩罚。

3. 情绪处理不当。在实施惩罚时,教师因情绪而过度惩罚学生。这种情况下,惩罚往往会失去公正性,容易引起学生的反感和抵触。

二、家庭方面

有时教师会和家长一起处理犯错学生,这时如果家长不理智或不配合,也会成为学生不服惩罚的原因。

【解忧锦囊】

一、无规矩不成方圆

接班初期,立好规矩。教师对学生的要求不能太高,从最基本的开始,待学生慢慢适应后,再针对新的情况提出更高的要求。在惩罚学生时,一定要有理有据,有礼有节,不能随意任性,使自己陷入被动。

二、建立良好的师生关系

教师要与学生建立良好的师生关系,了解学生的心理和行为,从而能够更加有效地进行教育和惩罚。教师的眼神要有温度。每天走进班级,一定要环视一下全班学生,每个学生都要看得到,这样不仅可以维持纪律,督促学生投入学习,而且能让学生感受到你对他们的爱。在批评和惩罚学生时,更要用眼神告诉学生,你所做的一切都是因为你爱他(她),希望他(她)可以变得更优秀。

三、语言沟通要有技巧

这里的语言技巧,主要是指批评学生时的语言技巧,批评学生时,不要揪住他们的错误之处不放。要知道,批评不是目的,帮他们改正错误才是目的。

四、惩罚要有"温度"

学生无法对惩罚心服口服,往往因为学生此时已经站在了教师的对立面。因而,在惩罚学生时,一定要让学生感受到教师对他们的关心和期望,懂得这项惩罚的意义。

五、惩罚要有"法度"

教师在实施惩罚时,必须要采取合适的惩罚方式。惩罚方式要公正、合理、适度,不能过度或者不当。教师对学生的惩罚,要符合师德规范,要有必要的依据(如校规、班规),会更有公信力和约束力。

【案例聚焦】

教育因善意而繁花似锦

今年又分班,这一级的学生真是"特殊",初一到初三都是新班级、新同学、新老师。

开学第二天,英语课上,因英语老师的一句话,一个我之前带过的学生逃课了。正在上课的我,只能联系另外一个班的班主任帮我看班,自己一个人开始满教学楼地找。我们的教学楼很大——五层楼,"U"形,连接实验楼,我急急忙忙地了一圈,未找到人。考虑到孩子的安全,我向德育处求助,并在级部群里发寻人启事。不久,孩子找到了,她在校园闲逛的时候遇到了校长,被校长拦住了。我去时,校长正在和她谈话……

面对这样的场景,我努力调节自己的情绪,隐忍着自己的怒火,拼命告诉自己要用善意对待这个学生,不管她之前如何的劣迹斑斑,要相信,每一个学生都是善良的。跟校长告别之后,我跟学生说的第一句话是:"你还好吗?"(她微微点了点头)"老师把整个教学楼都找遍了(我轻轻扶着学生的肩膀),抓紧时间回去上课吧，老师都担心你了，有什么事情一定要及时找我。"我看着学生走进教室，心也落下了。接下来，我就是跟各科老师沟通，提醒大家这个孩子不太会和老师、同学相处，行为有点儿过激，请大家多多包涵她一下，有什么问题一定及时联系我，我来处理。刚跟任课老师打完电话，就看到课本同步的练习册征订只有她一人不征订，我灵机一动，抓住这个谈话的契机，跟她说体育课到办公室找我。

体育课，她来到了我的办公室。我问她是否让体委帮忙请假了。她说请假了。我急忙表扬她，做得真不错，知道要跟体育老师请假，以免老师担心。接着，我让她坐下聊，可是她不肯，于是，我也站了起来，说："我们一起到小花园里坐一坐。"在去往小花园的路上，我就跟她闲聊，问她家里的情况，发现这个孩子和我居住在同一个小区，还有一个妹妹。在交谈的过程中，我也像朋友一样，分享着我的家庭情况，不断地拉近与她的距离。当我们坐在小花园的长廊上，她防备的心终于放下了一些。我问她怎么没有征订同步练习册，这是老师平时布置作业、课堂上要用到的。她冷冷地对我说："初一、初二我从来没有写过作业，订了也没有用。"我开玩笑地说："这是在给你的父母省钱吗？那你觉得初一、初二你和同学、老师的关系怎么样？"低着头的她简单地回答说"不好！""那你在初一、初二过得开心吗？幸福吗？"女孩有点儿吃惊地看着我，她没有想到我会问她这样的问题，她失落地跟我说："不开心，也不幸福！""那你初三、初四还要这样过下去吗？老师听了都很心疼，我曾经告诉过我的孩子，我们做的每一件事，尤其是读书这件事，是为了让自己过得更快乐、更幸福！""我爸妈逼着我上学，我不喜欢上学！学习太无聊了，很辛苦！""做什么事情都要付出，到学校不仅仅为了学知识，更是为了学做人和处世，让自己更好地适应社会生活，让自己能够快乐、幸福地生活。我们决定不了人生的长度，但我们可以决定人生的厚度，老师希望自己的学生都能够过得很快乐、幸福。你现在感觉不到快乐和幸福，我们为什么不换个方式呢？每一位老师都对自己的学生充满了善意，希望你们学好本领，学会做人，这样的你们，将来才会有能力让自己过得更好！"一节课的时间，我用自己的善意表达出我对她的关爱，希望她能够感受到。

令我吃惊的是，第二天她请假了，说想要跟父亲到工地上体验生活。我没有阻拦，并和她的父亲说，要让孩子找到自己感兴趣的东西，激发孩子的兴趣。

转眼间,周末了,我给孩子的爸爸打了一个电话,询问孩子的情况,她的爸爸说孩子想上学。我说:"可以,一定要让孩子准时入校,不要迟到。"(她从来没有准时到过学校)奇迹般,这个孩子再也没有迟到过,课堂有时也会听讲,只要她有一点点进步,我就努力地夸她,虽然她还有很多的地方做得不好,但进步却在不断,我相信她会越来越好!

可是,两周后的物理课上,因老师不让她看小说,她就对物理老师不尊重,严重扰乱课堂秩序,之后戴耳钉屡禁不止,不能按时上下学……好像回到了原点……

这时的我时刻提醒自己要控制自己的情绪,用自己的行动温柔而又坚定地告诉她校规校纪不可违反,我可以理解她的爱美之心,但也要知道校规校纪是要遵守的。她的妈妈对待孩子的教育简单、粗暴,经常打骂孩子,这个孩子和母亲的关系很紧张。从小面对母亲的打骂教育,她时刻都处于一种不安全的状态,时刻是防御的状态,等她能够反抗了,她不会顾及任何人的感受,因为她的感受被忽略了,她感受不到别人的善意,只是本能地"敌对"着,伤害着别人,更伤害着自己。这样的一个孩子,她不知道如何控制自己的情绪,更不会体谅他人的情绪。

面对这样的一个学生,我提醒自己一定要悦纳她的情绪,要包容和理解她所有不合时宜的行为,也会耐心地引导她,找到自己的价值,控制自己的情绪。借着德育处需要一名学生查看监控,了解学生课间违纪情况,于是,我推荐她去完成这项工作,并对德育处的老师猛夸她很细心,做事有办法,她一定可以胜任这项工作。私下里,我把这个孩子的情况告知了德育处的老师,希望德育处的老师能够多夸奖她,多安排一些她能够做好的事情,让她能够找到自己的价值,得到别人对她的认同。从此,她每天都会到德育处报到,并且穿好校服,把自己的耳钉也会摘下来。十一放假之前,我把朋友送给我的一些耳钉送给了她,并告诉她,她爱美,老师理解,十一假期想怎么美都可以,但在学校时要注意自己的形象。

现在,这个孩子的状态越来越好,虽然以后还可能会再犯错误,但我一定会时刻告诉自己理解她的处境,给予她足够的尊重,时刻给她一个自我实现的机会。

我想，每一个人都希望得到别人的尊重，尤其是那些老师眼中的"坏孩子"，所以，老师一定要用爱、用方法去关爱这部分学生，要时刻用善意对待每一个学生，要相信，只要给予足够的耐心，他们一定可以越来越好！教育会因为善意而繁花似锦。

（威海市第七中学　张春玲）

第 21 问：学生课上故意说话、接茬、捣乱，班主任该怎么办？

【老班难题】

班上总有这样让人头疼的学生：老师在讲台上大讲，他在下面小讲，或随意打断老师讲课，或故意接茬或捣乱。面对这样的学生，老师没少批评指责，但是收效甚微。作为班主任，我们该怎么办呢？

【寻根究源】

一、学生方面

1. 习惯成自然型。接话茬的毛病是多年不良习惯养成的，习惯成自然，自觉不自觉就脱口而出。这种对人不礼貌的行为是由于没有得到良好的家庭教育，染上这种毛病后没有得到及时有效的矫正。

2. 毛遂自荐型。学生在发表自己的见解时得不到别人认可，自尊心受到打击，于是养成了随便插话的毛病，或因为缺乏自我价值感或低自尊，借以引起别人的注意。

3. 过分亲昵型。这部分学生常常有这样一种心理：认为跟老师关系好，比别人高人一等，享有特权，上课可以随便些。

4. 无聊调侃型。这类学生接话茬是因为听不懂课堂上的内容,为排解无聊的情绪寻求开心、刺激,讲些庸俗无聊的话,博得他人一笑,以满足自己的虚荣心。

5. 故意唱反调型。这部分学生对某些任课老师不满,但又不便直接对着干,发泄心中不满的最佳机会是就在课堂上,教师说东他说西,故意唱反调,引他人发笑。

二、教师方面

1. 老师在授课之初没有与学生建立各种班级规则,课堂上也没有对违反规则的负面反馈。

2. 部分任课老师在课堂上管理太松散,给学生营造了一种可以"自由"发言的假象,出现学生"对人下菜碟"的情况。

三、家庭方面

1. 在孩子小的时候,家长出现过忽视孩子的情况。经历过情感忽视的孩子自我约束的能力较差。

2. 家庭不同的管教形式产生不同的影响。专制型、冷漠型和宽容型的家庭培养出来的孩子在行为习惯方面会产生不同的问题。

【解忧锦囊】

一、细心观察,准确归类,具体问题具体应对

1. 习惯成自然型。采用行为强化法,帮助学生逐渐克服不良习惯,养成好习惯。我们可以和学生约法三章。他们一旦违反规定,自愿接受处罚,如果连续三天没有违反规定,可以利用正强化给予鼓励,强化正向行为。

2. 毛遂自荐型。努力为其创设提升自我价值感的机会,多鼓励和表扬,同时从思想上教育引导:通过插话引起别人的注意力是非常不理智的行为,不仅不能赢得他人的好感,而且还会降低自己在他人心目中的位置。

3. 过分亲昵型。私下里教师必须明确表明自己的立场和态度:课后可以和老师关系亲近,课堂上必须和其他同学一样,严格遵守课堂纪律,因为与老师比较亲近,所以课堂上更应该以身作则,起到领头羊的作用。

4. 无聊调侃型。对于这类学生要按照他们的性格、喜好和学习基础布置不

同的课堂任务，下课后立即检查他们的课堂任务完成情况，只有让他们在课堂上有事可做，充实起来，才能防止他们因为无聊调侃、说闲话。

5. 故意唱反调型。好的关系就是好的教育。对于这类学生首先要把师生关系理顺，消除学生对老师的敌意和憎恨，教师需要用爱、尊重和包容来慢慢感化这样的学生。

二、生活上多陪伴，行为上多规范

首先，生活上主动关心学生的生活，关照学生的情绪，让学生感受到自己是被看见的。弱化接茬学生的接话行为，强化其正面表现。比如上课时，如果学生接的是与课堂内容有关的话，老师可以采用欲扬先抑的方法："虽然你回答问题时没有举手，但是老师还是要表扬你爱动脑的好习惯。"如果接的是与课堂内容无关的话，老师可以找学生课下沟通。

其次，宽严并济，见招拆招。"某某同学好像有很多观点要表达，可以上讲台进行分享哦，大家掌声鼓励一下。""某某同学今天很想表现，正好这篇课文请他朗读一下。"

三、关注孩子的原生家庭和父母的管教类型

以尊重为前提，和父母推心置腹地聊一聊孩子的成长，了解在孩子小的时候，是否出现过忽视孩子的情况。必要时需要借助家访，深入了解该生的成长背景等，以便找到打开其心门的钥匙。不管父母是何种管教类型，班主任都要努力做到不评判，多观察，多倾听父母陈述的事实，了解原因，给出更有效的建议。

【案例聚焦】

三招巧对课堂"捧哏"生

今年接手的班级是老师们都比较喜欢的"活"班，班级孩子整体思维活跃，上课喜欢呼应老师，课堂气氛也比较欢快。可最近一段时间，各科老师都反馈课堂上接话现象逐渐增多。我仔细观察发现，凡在课堂上接话的学生多数思维比较敏捷，性格比较开朗，喜动不喜静，所以当老师讲课时一旦碰触他们的思维，他们便立刻展开思路无意识地说出一两句话来。老师的恼怒批评和同学的起哄非但不能阻止，有时反倒是强化了他们的行为，让他们有一种被重视的感觉。面对这种情况,我决定不动声色地出招。

纪律松散型——冷静对待,用真心去拨动心弦

有一次我上课的时候,又有学生接话,于是我故意停下一分钟左右,然后很严肃地把话挑明,说:"请大家让老师把话讲完再举手发言,否则大家打乱了老师的授课思绪,降低了效率,那这节课就不能按时讲完,只有拖堂来讲完,对大家没好处,我们一起合作上完课好不好?"听到我诚恳的语言,同学们很是吃惊,老师没有大动肝火批评他们,反而是真诚地请求,这让他们有一种被尊重的感觉。于是大家点头同意,接话的同学也面露羞愧。

第二天上课,又出现一个男生无意接话。我只是用眼睛看他一下,暂时不去理会,这时接话的学生不再接了,我就可以正常讲课,不耽误教学。课后找到他谈话,我先表扬了他爱动脑,调动积极因素;同时也使他认识到上课接话的弊病,不但干扰课堂秩序,扰乱老师的思维,还影响其他同学听课,让他自觉地控制自己。之后,在课堂上我也有意识地多提问爱接话的同学,给他们一些讲话的机会。

无心之过型——适时提醒,由此及彼,顺藤摸瓜

有时学生课堂接话是和教学有联系的,这种情况下,我就因势利导,把学生的话接过来,或用教学内容中的道理去说明,使之深化;或善意引导,晓以大义,以宽容的态度、渊博的学识、透彻的分析去征服学生,然后再继续讲课。这样会使接话的学生增强自信心,感到自己的思路正确,但同时我也会提醒学生今后要举手发言而不能随便接话。

调皮捣乱型——宽严并济,耐心指导

班级中还有一些通过上课接话故意捣乱的调皮学生,最好的办法就是忽视他们的不良行为。心理学中有一个"消退性原则"。具体地说,就是当老师在课堂上遇到有学生接话茬大声喊叫时,不要理会他。对于这样的同学,我通常的做法是在他们的第一次接话时宽容地看他们一眼,让他们自觉地收敛。如果他们还接话,那就可向全体同学讲明,上课接话的做法不好,使学生明辨是非,使调皮的学生能够认识到自己的错误,课后再对其继续严肃地批评教育。这样使学生感到老师很尊重他。否则,如果在课堂上训斥他们,不仅影响教学,还会使

其对老师产生厌恶心理。这样不但不能使他们改掉缺点,还容易使师生之间产生矛盾。一段时间后,因为没有人搭理他们的这种行为,他们自己觉得没有意思,就慢慢减少了这种行为。

不论是哪个类型的学生,老师第一时间给予学生的反馈都不应该是严厉的批评,教育的方式可以多样化、幽默化,才可以"用魔法打败魔法"。

(威海市城里中学　姜玉彦)

第 22 问:学生课间喜欢追逐打闹, 班主任该怎么办?

【老班难题】

对于中学生来说,课堂 45 分钟的专注学习让他们精神疲惫,课间 10 分钟要化解这种状态,以更好的面貌投入下节课的学习中去。初中生活泼好动,尤其是低年级的男孩子,精力旺盛,课间 10 分钟除了上厕所、喝水,他们会在教室、走廊跑跑跳跳、追逐打闹,受伤是经常发生的。如何才能避免这种情况呢?

【寻根究源】

一、学生方面

1. 学生的天性如此。爱玩是孩子的天性,课间是难得的休息放松时间。青春期的学生精力旺盛,活泼好动,行为上容易出现打闹的情况。

2. 学生纪律性不强。只要老师不在,便肆无忌惮。有的学生安全意识薄弱,没有认识到打闹带来的危害,对自己、对他人均不利。

3. 学生之间有矛盾。教室里有几十名学生,同学之间难免会有小摩擦,他们有时会以自己的方式解决问题,这就造成了追逐打闹现象。

二、学校方面

1. 公共区域缺乏统一管理。学校在走廊等学生密集的地方如果没有安排教师值班，就容易导致危险发生。

2. 班主任对课间的管理不到位，要求不明确，或者提了要求却无人监督实施。

3. 课间活动时间没有详细安排。学生课间10分钟常常无事可做，自控能力又不强，他们就会找同伴嬉戏。

三、家庭方面

1. 家长对孩子缺乏必要的文明礼貌的引导。

2. 家庭环境中，孩子规则意识淡薄，自然对纪律无感。

【解忧锦囊】

一、学生方面

1. 树立纪律意识。要在教师的引导下明确课间正确合理的休息方式，提高自我约束力。

2. 提高自我要求。课间适当休息后，可以为下节课做好课前准备。

二、学校方面

1. 制度明确。明确提出或重申课间休息的要求。课间大喊大叫、追逐打闹的现象，虽然在很大程度上显示了孩子们的活力和精神状态，但是隐患藏于其中。因此，学校必须要求学生规范自己的言行，要在确保学习氛围的基础上，保障学生的活动权利，引导孩子们楼内静、楼外动，组织学生在室外有秩序地活动。

2. 教师护导。安排教师课间巡视护导，加强对学生的安全监管，主要应注意防止拥挤伤害、追逐伤害、游戏伤害、恶作剧伤害等。学校可以规定各班的专用楼道，从制度上防范人员过分集中。

3. 学生监督。安排学生组长课下值勤，发现室内有打闹、恶作剧现象及时制止，充分发挥班委监督管理作用。组与组、同学与同学间也要互相监督，可定期开展评比。

4. 班会强调。教师利用主题班会对学生进行安全教育，让学生认识到课间打逗可能会发生意外,伤到自己和他人,并用案例加强教育。

5. 个别访谈。教师要让学生知道:如果摔跤受伤了,不仅自己疼,而且老师和父母也会难受的,教育学生学会自我保护。

6. 增加活动。在安全范围内,鼓励学生做一些小幅度的运动和游戏,注意不要大声喧哗,也可以引导学生在安全可控的条件下,做一些课前准备等。

三、家庭方面

家长要了解孩子的性格特点、兴趣爱好,并及时和老师沟通,形成家校合力,帮助孩子养成良好的行为习惯。

【案例聚焦】

让走廊恢复宁静

我们学校教室布局是对开式的,中间走廊、南北都有教室,这样的紧凑型教室布局使得一下课走廊就显得十分拥挤,学生们显然也察觉到了这一点,所以比起拥挤的走廊,走廊西面宽敞的接水区和阅读区,就成了很多学生喜欢聚集的地方。

我们班的教室位于教学楼三楼最东头,对面没有班级,起初我一直庆幸我们班分到了一个好位置,比较清净。但是很快,我就发现,我们班教室外面的走廊靠近窗户,窗户下面还有一组暖气片,无论冬天、夏天都备受学生"欢迎",并且相对西面的区域,我们班走廊的这片区域更为"隐秘"。于是,来自各个班级的学生,尤其是班级里那些调皮的学生一到下课便蜂拥而至,教室外面闹闹腾腾,一刻也不得安宁。我们班的孩子开始在我的管理下,还能经得住"诱惑",时间一久,慢慢就有人开始加入了,并且从一开始简单的闲聊演变成了追逐打闹。

我渐渐意识到了问题的严重性:下课纪律太乱,一是影响课间在教室里学习放松的同学,二是整个班级经常上课很久也静不下心进入课堂状态,所以必须解决。

规则大家定

我先是在班里召开小型班会,提出我最近发现的问题,请学生交流这种课间疯打闹的环境对自己的影响,最后借势明确了要求:允许且鼓励课间正常休息,但是决不能追逐打闹,并且如果有外班同学进入我们班的"领土",我们要严肃警告并礼貌将其"驱逐"。这次小型班会气氛活跃,所以效果立竿见影。但是没几天,就有几个胆子大的别班学生,又开始"大胆挑衅"。因为涉及别的班级学生,我不方便直接管理,所以我便将这种情况反映给了德育处和同楼层其他班级的班主任,请他们协助管理,多管齐下,走廊总算清静了不少时日。

治"病"要治本

虽然别的班同学到我们班外面追逐打闹的情况减少了,可是自己班里那些活泼好动的"不安分子",又开始蠢蠢欲动。尤其是其他任课老师来上课前,他们更是毫无顾忌,在走廊里说笑疯闹,有时话没聊完,打了铃进了教室还要继续兴奋半天。我意识到了,光靠规则约束也不是长久办法,我也不可能每个课间都守在教室外面,解决问题的根本还是要让学生课间要么有事可做,要么有其他休息放松的方法。于是,我联合班级所有任课老师,请他们每节课前将课上小测的主要内容告诉课代表,课代表写在黑板上,方便大家提前准备。还可以请课代表课间播放对学科学习有用的视频等有吸引力的学习资料。此外,我还让班级文艺委员在下午第一节课等大家精神状态欠佳的课前,在班级里开通"点歌"服务,学生可以自己点歌听歌,放松休闲。这些措施实施后,下课后学生除了接水、去厕所,一般都会赶紧回到教室,因为教室里有学习任务或更加新鲜精彩的内容在等着他们。

初中生是渴望独立自主同时自我管理能力又不匹配的矛盾体。在遇到这类问题时,强硬的禁止和训斥,只会使他们的逆反情绪更重,如果我们愿意尊重他们,给他们创设自己发现问题的机会,提供让他们感兴趣又能解决问题的方法,就会让问题在不知不觉中得到解决。等到他们回味这段时光的时候,也会对自己的成长会心一笑,走向更远的未来。

(威海市第七中学　徐妮妮)

第23问:学生上课迟到,班主任该怎么办?

【老班难题】

周一全校升国旗,总会有那么几个学生经常迟到;早上值日,总有学生来晚,导致值日做不好,自习上不全;上课铃响,总有几个贪玩的学生从教学楼外匆忙往里跑,可是到教室门口时老师已经开始上课……学生经常迟到,不仅影响上课秩序,还会给班级管理、班级考核带来负面影响。怎样尽量减少甚至杜绝迟到现象的发生,这是值得班主任考虑的问题。

【寻根究源】

一、学生方面

1. 学生自身的时间意识淡薄,缺乏时间观念,做事缓慢,不求速度,久而久之,养成迟到的习惯。

2. 学生对于上学这件事内心有些许抵触,特别是想到要学习会使自己产生不愉快体验时容易拖沓,对学习缺乏自信,有畏难情绪。

二、家庭方面

家庭教育方式导致孩子容易迟到,如专断性或放纵型的教育方式,都容易引起孩子拖延、缺乏时间观念等。

【解忧锦囊】

1. 引导学生养成定闹钟的习惯。一些学生没有定闹钟的习惯,早上起床全靠家长喊,如果家长忘记看时间或者不忍心叫得过早,造成学生起床太晚,势必会影响按时到校。

2. 引导学生增强时间观念,通过规定任务起止时间并给予监督、定日程表提醒、建立小契约并配上各种适度奖励等,让学生的迟到行为受到约束。

3. 学生总是迟到,班主任问清原因。这些学生可能学习成绩比较差,一般批评效果比较小,严厉批评可能还会导致逆反心理,需要多进行鼓励和提醒,用爱心进行感化,这样他们才不会再迟到。

4. 通过体育锻炼等活动不断增强学生的意志力,引导赖床学生逐渐克服惰性。

5. 利用班集体的力量,可以选经常迟到的学生和值周班长一起,提前到教室进行晨检。利用班级公布栏,在公布栏公布每天的到校情况,一周一总结,及时作出表扬或批评。

6. 及时和家长沟通,了解学生的身心状况及在家的表现等各方面的情况,做到家校相通。使家长加强思想意识,更好地了解学校的管理制度,配合学校工作,管理好学生。

【案例聚焦】

迟到的尽头是关爱

那年下学期,我正式接手初二五班班主任工作。接手之初,班级最令我头疼也是最亟待解决的问题是几个男生聚堆迟到的现象。

小宝、小泽、小贤等几个男生,一下课就聚到一起,不是到教学楼东边拐角处,就是到教学楼的西台阶说笑、打闹,铃声一响,才呼啦啦地往教室跑。经常是老师开始讲课了,他们才陆陆续续地进来,借口上厕所回来晚了,非常影响老师讲课。他们中午就餐也偷摸不排路队,吃完就溜回来玩。

他们几个男生学习上不积极,思想行为也散漫可不行,会对整个班级的发展产生不良影响。怎么攻破呢?

对扎堆抱团要"分而治之,各个击破",不能硬来,只能智取。于是我暗中观察,分析每个人的性格、特点,走近他们,并了解他们的家庭。

我认为小宝在这几个人中是主导者。他有两个姐姐,从小跟爷爷奶奶生活,被溺爱,性格沉稳,有一定头脑,只是从小学习习惯不好,成绩不佳,学习上缺乏自信,想去校队训练。小泽是体育生,擅长长跑,早晚自习要训练,学习跟不上,字迹写得比较潦草,自己也不上进。小贤比较被父母溺爱,上课注意力不集中,爱做小动作,学习动力不足。

小宝身材高大,坐在班级最后排,离卫生柜、垃圾桶比较近。每次中午学生会来检查卫生,他都会眼疾手快地把后排卫生柜里的工具和垃圾桶周边检查收拾一下,还会跟他们进行一番交谈,然后下来告诉我班级扣没扣分。我觉得虽然他无心学习，想找个事干，但也在为班级做事。我把他在卫生方面的责任心、积极性在班级进行了一番表扬，举行了一次责任感的小班会，延伸到每个学生生活的方方面面，他很受用。接着在我的语文课堂上他表现突出，要求背诵的课文竟以全班第一的速度背下来了，让全班同学佩服不已，有时分析阅读理解题也能说到点子上，只是欠缺口语表达的机会。就这样师生之间的信任感增强，课下我跟他谈话让他要学会守时也能听得进去，只是学习上习得性无助让他没有成就感，需要各科老师联手关注和帮扶。

小泽平时闪光点不多，我借运动会他大展身手的机会放大他的优点，跟同学们说体育生早起到校锻炼，不分严寒酷暑，有着非比寻常的毅力，他们可能学习成绩赶不上其他同学，但是如果能将这种不怕吃苦、坚持不懈的精神运用到生活中，一定会有所成就。我讲完以后同学们为他鼓起了热烈的掌声，小泽的眼中有闪闪的泪花。他感受到了老师对他的认可和关爱，迟到现象自然消失。

小贤平时很少主动完成任务，还爱和同学起纠纷，从哪里寻找他的闪光点呢？终于，等来了一个机会，级部举行足球赛，报名的男生很多，他也想上场，虽然我不知道每个人的球技如何，但代表班级的选手肯定要找靠谱的，他自然不被大家所看好。但是我没有因为学习、纪律不好而否定他，我让大家选几个替补队员，他就被选为替补队员。赛场上终于有个机会换替补队员上场，他上场了，在球场上奋力为班级拼搏的精神大家有目共睹。回到班级我总结了球赛，让大家以"我为你点赞"的形式将观察到的运动员的闪光点进行称赞，小贤自然在表扬行列。从同学和老师的双重认可中，他找到了自信。课下我跟他进行了深入的交谈，同时端正了他的学习态度。

避开学习这个点，我采用迂回战术，寻找他们身上其他的闪光点，用真爱和理解感化他们，从而端正他们的思想，改变他们的行为模式，让问题迎刃而解。

（威海市第七中学　周晶）

第 24 问：学生说脏话，班主任该怎么办？

【老班难题】

身处校园，耳畔难免会零星听到几句不合时宜的脏话。有学生自己说话带出来的语助词，有时是相互之间的调侃，两人之间的"骂架"也偶有发生。这种情况，网络上似乎更是屡见不鲜，游戏时的弹窗、视频号下的评论、讨论群里的对话……面对学生说脏话的现象，班主任应该怎么办呢？

【寻根究源】

一、学生方面

1. 自我意识不清。有的学生脏话脱口而出，当下纠正时学生却不承认，经过提醒才恍然大悟原来自己说脏话了。可见学生对什么是脏话缺乏正确的认识。

2. 同伴不良影响。学生很容易受到身边同学的影响，很快学会脏话口头禅。

3. "历史遗留"原因：中学老师要解决学生说脏话的问题特别难，因为说脏话的习惯可能学生从小就有，不良习惯根深蒂固，想一下子解决存在一定的困难。

二、家庭方面

有的家长在孩子面前说脏话并不避讳，甚至直接用脏话来批评孩子，会对孩子造成非常不好的影响。

三、社会方面

网络空气的净化也迫在眉睫。学生在日常接触游戏、短视频、微博，甚至是网络小说时，都会受到脏话的荼毒，长此以往后果堪忧。

【解忧锦囊】

一、学校教育

1. 班主任利用大班会和微班会等形式，通过游戏体验，让学生知道脏话的界限，体验脏话的危害，明确应该怎样文明、和善、健康地表达自己的情绪和态度。

2. 班主任要了解孩子说脏话的原因，例如模仿他人、寻求关注、释放压力。有针对性地引导和纠正，向学生解释为什么说脏话是不恰当的，并告诉他们应该文明用语并使用恰当的词汇表达情感和需求，替代脏话。

二、家庭教育

1. 班主任通过家长学校、家长会、家访等形式，向家长传达文明用语对家庭教育的重要意义，提醒家长在家中，尤其是面对孩子的时候，也不要随性随意，以免对孩子造成不良影响。

2. 与家长达成一致，在家庭中设立明确的行为规范，让孩子知道说脏话是不被允许的。必要时还可以制定合适的惩罚措施，如扣除零花钱或禁止玩手机一段时间，让孩子意识到说脏话的后果。同时也要表扬正面行为，当孩子恰当使用语言表达自己时，给予积极的表扬和鼓励。

三、学生践行

学生做好自律与自护，不说脏话，也要在校园学习、日常生活和网络生活中相互提醒，共同践行语言文明。一旦发现同学之中存在恶意说脏话、骂人的现象，要通过合理的方式让老师和家长知晓。

【案例聚焦】

脏话，也是一种暴力

这天吃完午饭，同学们或是三三两两结伴去厕所，或是回到教室喝水休息，可是苏苏委屈的哭诉却打破了这样的宁静。简单说起来，就是作为学生会干部的她，在维持路队秩序时，受到小鹭的质疑和辱骂。为了弄清事实，我也把小鹭叫来，一起了解情况。

不问不知道，原来两个孩子早有"积怨"：苏苏发的朋友圈，小鹭评论说"长成这样还出来晒"；苏苏管纪律，小鹭立马回怼"你们自己组的人你怎么不管"……我很想知道小鹭对苏苏哪里来的这么大的怨气，小鹭就说："谁让她当着好几个同学的面说我长得矮。"苏苏哭道："那也是你先说我们的，而且不管怎么样，你也不能说我妈死了！"震惊之余，我还没来得及开口，谁知小鹭紧接着理直气壮地说："我说你妈死了，你妈真的会死吗？"

一时之间，我真的怔住了。在小鹭的世界里，难道对脏话的杀伤力完全没有概念吗？我试着问两个孩子，当小鹭说完苏苏之后，苏苏是怎么说的。结果两个孩子的答案出奇地一致——苏苏什么都没说。我问小鹭知不知道为什么，小鹭摇摇头。苏苏很激动地说："不能因为你骂我妈妈，我就要骂回去啊！那你妈妈该多可怜！再说我也骂不出口啊！"

我无权评论两个孩子，但我确实对苏苏非常佩服。其实两个孩子都生活在非常和谐的家庭之中，只不过小鹭的爸爸说过她妈妈非常溺爱女儿，因此孩子的问题希望老师多和爸爸沟通，效果会比较好。所以我用情景体验和角色互换的方法，小鹭一下子就明白了。所谓骨肉至亲，都是每个人心中最柔软的所在，无论再怎么生气，都不允许以任何方式伤害对方的家人，哪怕只是用语言。

把两个孩子送出了办公室，我也及时和双方家长沟通。当晚小鹭的爸爸妈妈就与苏苏的家长电话沟通，表示歉意，小鹭也再一次向苏苏以及苏苏妈妈道歉。自从解决了苏苏和小鹭之间的矛盾，我发现两个孩子脸上的笑容多了起来。

可不知为何，我始终觉得不够圆满，但又不想太过刻意。思来想去，我觉得可以从之前听过的王君老师的那节《语言暴力对人的伤害》（《范进中举》《孔乙己》《窃读记》群文阅读课）入手。尽管初二的孩子还没有学到这些课文，但其中提及的亲人对亲人的语言暴力伤害、群体对个体的语言暴力伤害、大人对孩子的语言暴力伤害等，都可以给学生以启迪。所以我略做调整，和学生一起召开了一场特别的座谈会，既谈读书，也谈生活，更谈做人。大家你一言我一语，细数自己曾经遭受过的语言暴力，反思自己输出过的暴力语言，一起约定做彼此的镜子，相互投射最谦和有礼的形象。正如那句话所说："祝愿你的嘴，不生产暴力，只生长善良、悲悯、理解、同情、温柔、爱以及所有的美。"

（青岛海滨学校　周璐）

2

卫生管理篇
物皆有序，培植习惯
养成之沃土

第 25 问：学生缺乏基本的收纳整理等劳动能力怎么办？

【老班难题】

在我们的班级里,常常会发现有不少同学没有整理的习惯:试卷用完了就往书本里一夹或者往书包里一塞;默写时今天写到这个本子上,明天写到那个本子上;打扫完卫生,卫生工具随意摆放……诸如此类的问题,给学习和班级管理带来了很多不便。

【寻根究源】

一、学生方面

从小没有养成收纳整理的生活习惯,整理意识淡薄,也有的因为学习任务繁多导致没有收纳整理的时间。

二、学校方面

学校没有开设相关劳动教育的课程,对学生收纳整理缺乏引导教育,使得学生在学校里没有习得相关技能的机会。

三、家庭方面

家长包办代劳太多或家长自身缺乏收纳整理意识,导致孩子失去整理的意识和能力。

【解忧锦囊】

1. 上好劳动教育课或相关主题的班会课。班主任可以利用劳动课或者班会课培养学生的卫生习惯,教给学生一些收纳的技巧,让他们保持书桌和书包整齐干净。

2. 确立每周清理课桌的班规。每周五利用课间时间进行课桌清理,并强调保持的重要性。评出本周"收纳小达人",及时表扬收纳习惯好的学生,让获选学生有成就感,从而调动更多学生参与的积极性,通过榜样的力量来带动全体学生。

3. 设立卫生小组长。卫生小组长负责检查仪容、校服、桌箱和书包等,协助组员做到桌椅摆放整齐、桌面干净整洁、地面无纸屑等,定期评比,发放奖章,鼓励学生养成讲卫生的好习惯。

4. 与家长达成教育共识。利用家长会引导家长重视对孩子的收纳整理教育,让家长用实际行动去教育孩子,逐步引导孩子参与家务劳动。家长通过与孩子一起劳动,做到"在劳动中教育",收获与分享劳动中的快乐。家长应多为孩子创造独立完成家务劳动和生活自理的机会,使孩子掌握洗衣、做饭等必要的生活技能,并及时地给予孩子鼓励,培养孩子热爱劳动的情感。

【案例聚焦】

"邋遢大王"变形记

新学期开始,学校食堂每天下午给学生安排了加餐,每个班级需要有两位学生在课外活动时间去餐厅取餐。因为这学期带的班是新接手的班级,对学生也不熟悉,这个任务我觉得也没有太多的"技术含量",于是就随意安排给了小证和小航。

没想到,卫生岗位还没公示,卫生委员就过来找我,说如果把这个任务安排给小证的话,应该没有同学愿意吃加餐了,理由是小证太邋遢,卫生习惯很不好,桌洞也是乱糟糟的,经常将废纸等塞满了座位旁的暖气片。

我暂时采纳了卫生委员的建议。可是,如果小证一直这样邋遢下去,不仅不能养成收纳整理的卫生习惯,对他的人际交往甚至学习都有影响,所以我下定决心,要改变小证在大家心目中的"邋遢大王"的印象。

1. 家校沟通挖掘问题根源。首先,我联系了小证的家长,了解了小证的家庭情况。小证爸爸说家里经营一家小型服装厂,前几年亏损严重,家里经济能力受到了很大的影响,他和小证妈妈每天早出晚归挣钱还债,对孩子疏于管教,孩子的衣服之类的都是自己洗,别的更顾不上了。和小证爸爸的电话家访结束后，我找到了问题的根源——家庭教育的缺失使得小证没有得到相关的劳动教育，收纳整理习惯自然不好，那么改变小证的任务主要得靠我了。

2. 发掘闪光点旁敲侧击。在我的改造计划还没开始的时候，小证就在班级里做了一件特别好的事情，他主动从家里带来了一大包湿巾用来清理餐桌卫生，这让我抓住时机在班里对小证大肆表扬。小证一下子有了"偶像光环"，不仅清理餐桌更加认真，连其他的班级事务也开始热心起来。我觉得看到了希望，于是借机找到小证，隐晦地指出了他自己的学习区域脏乱的问题，同时分享了几位收纳整理达人的视频给他，让他跟着视频学习收纳整理的技巧，成为班里的"收纳达人"。也许是在"偶像光环"的刺激下，小证真的很用心地学习并且将自己的桌洞、柜子进行了全面清理整理，甚至还主动向周围同学传授自己学到的收纳小技巧。

3. 赋予职责延续成长。看到小证有了如此大的进步，我也借机安排他做了他们组的卫生小组长。他不仅每天将自己的区域整理得干干净净，也督促组里的同学们保持好桌洞、柜子整洁，"邋遢大王"彻底和过去的自己告别了。更让我欣慰的是，小证的学习成绩、与同学的关系也都有了改善。

（威海市第七中学　徐妮妮）

第 26 问：学生不按时值日或打扫时敷衍了事，班主任该怎么办？

【老班难题】

每天早上，总有值日生不按时值日或者打扫卫生敷衍了事，导致班级卫生惨遭扣分，影响班级考评。班主任进行批评教育、小组考核加减分、组长提醒仍不起作用。班主任应如何增强学生的集体意识，培养良好的劳动习惯呢？

【寻根究源】

一、学生方面

1. 时间观念差，不能合理安排自己的事情。

2. 缺乏责任感、集体荣誉感，不把值日当成自己必须要做好的事。

二、家庭方面

家长溺爱，未让孩子建立劳动教育观念，孩子不愿干、不会干班级分配的劳动任务。

【解忧锦囊】

一、定期召开班会，树立责任意识

为培养德、智、体、美、劳全面发展的中学生，班主任可以设计"做更好的自己"主题系列班会，端正学生思想，树立责任意识。其中劳动方面要明确值日的意义和方法，可以创设几个情境，组织小组进行"如何值日不迟到？如何更高效地完成值日？"的讨论，让学生分享自己的建议和技巧，激发学生的创造力，同时也能帮助不按时值日或敷衍了事的学生更好地理解和完成值日任务，培养学生的集体意识。

二、制定岗位责任制度，及时提供示范和指导

关于值日生的安排，可以以小组为单位设置卫生岗位，按"男女搭配干活不累"原则全班分配，也可以公开岗位进行责任认领。除选举出来的两位卫生委员，每天设置一位值日组长，值日组长需要提前一天提醒组员值日。每位组员轮流担当小组长，体验组长的工作和职责，感受组长组织值日工作的不易。

卫生委员更要以身作则，树立榜样，引导全班形成"人人为我，我为人人"的集体意识。卫生委员需要每天定点到教室或室外对值日生点到并检查卫生。如有值日生未到岗，就由卫生委员或组长代替值日生完成工作。班主任也要善于观察，现场指导学生值日方法，看到卫生不佳之处可以亲自整改。

三、正面鼓励，提升学生责任心

每天将值日小能手记录到班级日志，班级盘点时进行表扬，每月评出值日工作优秀个人和优秀小组。这样不仅调动了组员的主动性和积极性，促进值日工作有序高效地开展，还能营造自主良好的班级值日氛围，激励那些不爱劳动

且经常偷懒敷衍了事的学生提升责任心。

四、在家庭中加强劳动教育

班主任跟家长做好沟通，探究孩子不按时值日或敷衍了事的原因，向家长讲解劳动教育的重要性和方法，使家长意识到自己在教育孩子的过程中承担着重要的角色。家长要注重以身作则，树立良好的榜样，发布家庭劳动任务清单，鼓励孩子积极参与日常家务劳动，且要予以指导和鼓励，培养孩子责任心，提升劳动能力，养成劳动习惯。

【案例聚焦】

你"若"盛开，"奇"妙自来

新学期伊始，一个名字就一直回荡在我的耳边："老师，若奇总不擦餐桌。""老师，若奇每次都在我们扫完地了他才出去。""老师，若奇……"每天会有不同的小报告是关于若奇这个孩子的，主要围绕卫生方面，于是我就想好好"会会"若奇。

一、聚焦微镜头，识全知全能

我走到若奇跟前，他慢慢抬起头，无辜的表情下是一种抗拒和排斥。很明显，他跟我是有距离感的，或者说他跟班级的任何一个人都有距离感，不喜欢去相信更不喜欢亲近任何人。

他的桌子周边都是垃圾，与其说是卫生习惯不好，不如说他在刻意给别人制造"麻烦"以凸显他的"价值"。打扫卫生时安排他擦一楼到二楼楼梯扶手，他站在半层扶着墙说"恐高"，与其说是不爱打扫卫生，不如说他在吸引我的注意力。同学们一趟趟告状，他面不改色心不跳，反而有一种优越感。这些行为放在一起就不难发现，他自觉或不自觉地用这些"毛病"，来吸取别人的关注。

二、偏爱放大镜，爱有恃无恐

他需要关注，那我便忽略他的缺点，拿着放大镜去寻找优点，让他换个方式引起我的注意。

既然吃完饭不爱擦桌子，那就从另一个角度去观察，他吃饭很慢，也不跟别的同学交流，细嚼慢咽也不掉渣渣，我便开始表扬。虽然大家都忍住不笑，但他大概也知道我的意图，仍然嘴角上扬，背挺得直直的，坐在座位上认真听着我对他的"夸奖"。

既然"恐高",那就给他换卫生岗,安排"落地"的任务,让他负责收拾讲桌,提供一个每天在我眼前"穿梭"的机会。想引起老师注意的他,很欣然地接受了任务安排,每天跑到前面"百八十趟",桌子都快被他擦破了。趁机我再进行大肆表扬,不仅他开心了,干得更起劲了,其他同学也纷纷效仿,努力收拾卫生,好获取让我表扬的机会。

三、集体荣誉感,净全心协力

就这样,在这种氛围的带动下,越来越多的人加入积极打扫卫生的行列中来,每天窗明几净,地面能照出人影来。原来若奇身边的一堆堆碎纸片不见了,他甚至还会谴责随手扔垃圾的其他同学,通过教育别人来博取我的注意。当然,我会注意到他的每一个优秀的小细节,以纸条的形式给他写表扬信,并"偷偷"塞给他,以示对他的重视。后来我认为他不能眼里只有老师,写纸条的任务逐渐交给了班干部,交给了同学,这样他就意识到每个人都在关注着他,他的所有行为都要做给所有人看。在他眼里,仍然是别人在约束他,但其实是用他自己的意识来约束自己的行为。

(威海市第七中学　王亚平)

第27问：教室卫生难以维持干净整洁，班主任该怎么办？

【老班难题】

干净的班级是每一位学生学习、生活的需要,整洁的教室能使学生心情舒畅、身心健康。在进行卫生清洁的过程中,学生们能感受劳动的美,热爱劳动,懂得珍惜劳动成果。然而,日常班级管理中,我们常常发现,教室卫生总是脏乱差,或者常常打扫完没过多久又脏了。班主任如何让学生保持教室卫生的干净整洁呢？

【寻根究源】

一、学生方面

1. 学生缺乏责任意识，认为卫生保持是值日生的事情。

2. 学生没有养成良好的卫生习惯。

3. 学生缺乏劳动技能，不知道该如何保持。

二、学校方面

班级缺乏行之有效的卫生奖惩措施。

【解忧锦囊】

一、亲自打扫，率先垂范

接手新的班级后，班主任亲自打扫卫生，会对卫生岗位需求做到心中有数，并且可以粗略计算一下打扫每个位置需要的时间，以便平均分配值日任务。打扫前后拍照对比，在开班会的时候展示给学生看——打扫角角落落的标准是什么，为学生树立榜样，学生无形中也学会了尊重老师的劳动成果。

二、一生一岗，明确职责

俗话说：一个和尚挑水喝，两个和尚抬水喝，三个和尚没水喝。为避免值日生遇到值日任务相互推诿，要把所有的岗位都责任到人，这样卫生检查时，是谁的岗位出了问题，可以立马培训、整改。每个学生都有自己擅长或喜欢的值日任务，可以让学生自主申报劳动岗位，填表之后整理成值日表上墙，让学生明白自己的岗位职责。

三、协作共扫，传授方法

班级很多学生在家里都是娇生惯养的，有的父母特别重视孩子的成绩，很多家长都会说："你只要把学习成绩搞好了，其他的家务什么都不要干，浪费时间。"特别是一些学习成绩好的学生，不会扫地、不会拖地、不会擦桌子。共同参与劳动可以让学生互相传授打扫卫生的经验、小窍门、小技巧。

四、设立督察，注重评价

班级秩序的良好运转不仅需要道德约束，还需要法律监督。班级设立卫生巡查小组，由每一排的排长组成，由卫生委员统领。这些学生负责检查、监督教室里的卫生,并且每个人督查的任务相当明确。为树立好的榜样,我会把优秀督察员的名单反馈到班级群里,呼吁家长们重视孩子的全面发展。

【案例聚焦】

明窗净几,齐室追梦

作为班主任,我有时会看到班里这样的场景:地面脏乱不堪,纸团满地都是,卫生工具摆放混乱……此情此景不由得让人火冒三丈。愤怒之后,我发现是因为自己的班级卫生管理工作不到位,没有采取切实可行的办法。于是,我向经验丰富的老班主任请教,再加上自己的思考,采取了以下措施。

一、制定规则,养成习惯

对于班级的卫生管理,要形成班级的合力。大家一起动手打扫,一起努力保持,一起谋划建设,才能有干净、整洁、舒适的一方天地。通过班会课,让所有学生一起参与班级卫生管理规则的制定。

二、建立评价机制,促进习惯的养成

定时段检查卫生打扫和保持情况。在早上进教室后、课间操前、午餐后、放学前等固定的时间段进行固定内容的检查。

通过奖惩,使责任人负责制得到落实。对于做得好的个人、小组、专项负责人,通过争奖章的方式,进行及时的表扬。对于集体出现的问题,利用班会和碎片化的时间进行反馈,督促学生进行整改。

三、手把手,尽心教

关于低年级的学生怎样打扫卫生、摆放自己的物品,在最初的时候他们做不好,其实是不知道怎么做,可以坚持对学生进行示范。

总之,面对班级卫生比较差、学生无动于衷的情况,班主任应该采取积极有效的措施,引导学生认识到卫生的重要性,并且主动参与到卫生工作中来。只有这样,才能让班级变得更加整洁,让学生学会做一个有责任心的人。

经过我和学生的一番努力,班级的卫生有了很大的改观,教室的地面拖得锃亮,扔纸球的现象也渐渐少了,卫生工具摆放井然有序,学生把教室收拾得整整齐齐,明窗净几,在明亮的教室里追逐自己的梦想。

(威海市塔山中学　李文娟)

人际沟通篇
亲疏有度，把握人际
交往之尺度

第 28 问：如何与不同的家长有效沟通？

【老班难题】

我国著名教育家陶行知先生说："学校教育的功效，一部分要靠着学校和家庭的联络。把学校与家庭构成一体，彼此可以来往……才能真正地通出教育的电流，碰出教育的火花，发出教育的力量。"由此可见，学校与家庭紧密联系。那作为班主任的我们要如何与不同的家长有效沟通呢？

【寻根究源】

根据多年的班主任经验，我将家长大致分为以下几种类型：

一、配合型家长

这种类型的家长通情达理，有同理心，能从大局着想，愿意理解老师的工作，愿意主动配合老师，共同教育自己的孩子。当然这种类型的家长也很重视孩子的教育，愿意主动学习，不断提升自己。在班级活动中，他们能够积极参与，是教师队伍的坚决拥护者。

二、溺爱型家长

这种类型的家长非常宠溺孩子，不能忍受孩子受半点委屈。只要孩子回家说自己在学校里受欺负了，便不问青红皂白地把责任推到别人身上。个别情绪激动或性格暴躁的家长，可能直接给班主任打电话，怪罪老师没有看管好学生。

三、吹毛求疵型家长

这种类型的家长本身就是完美型人格，可能站在制高点对教育指手画脚，要求老师按照他们的理解方式来教书育人。

四、自我型家长

这种类型的家长要求孩子得到老师的额外照顾，只要自己的孩子不能坐在最佳位置,就立马向老师提出要求。

五、甩手掌柜型家长

这种类型家长细分为两种类型:一是认为学习无用,他们坚持的论调是孩子不是学习这块料,逼他也没用,与其这样,不如让他每天快乐成长;另一类认为学习有用,但是家长比较忙,孩子学习动力不足,家长实在没有精力每时每刻督促孩子学习,久而久之只能放任自流。

【解忧锦囊】

针对以上不同类型的家长应该有不同的应对策略。

一、配合型家长

这种类型的家长是我们老师强有力的帮手,我们应该在家长群里大肆表扬,渲染家长群的正能量氛围。平时主动和这种类型的家长沟通他们孩子的在校表现,让他们感受到老师们对他们孩子的重视。与这类家长沟通时可以把孩子的情况实话实说,对于需要家长配合的方面具体说明,他们会马上执行老师的要求。

二、溺爱型家长

对于这种类型的家长,我们除了需要不卑不亢之外,还要注意言语的分寸,以免引爆他们的愤怒点。无论发生什么事情,我们一定先要把事实全方位搞清楚,最好有其他同学作为证人,陈述事实。跟家长沟通时一定要客观地陈述事实和事情的利害关系,把校规解释清楚,并且要严格履行。

三、吹毛求疵型家长

对于这种类型的家长,我们需要不卑不亢、真诚待人、平等尊重,在第一次家长见面会上我们要明确表明自己的立场:"术业有专攻,可能在座的各位家长中,有学历比我们高的,但是孩子既然送到学校,交到老师手里,就应该信任老师,当然教育方面若有疑问,欢迎来电讨论。"

四、自我型家长

对于这种类型的家长要委婉指出其问题症结所在。通过摆事实、讲道理,讲清老师的职责和义务,讲清老师是对每一个学生负责的,而不是只围着某几个学生转,同时明确表明教育需要家庭教育、学校教育和社会教育三者合一,方能发挥最大效果。

五、甩手掌柜型家长

对于坚持学习无用论的家长，尽可能给他们做思想工作，转变其不正确的思想观念，直截了当地指出问题症结所在。对于力不从心型家长，要多传授时间管理的方法，鼓励他们每天必须抽出 10～20 分钟的时间陪伴孩子，关心孩子的学习、心理等情况。

【案例聚焦】

有效沟通，从接纳开始

我从教 17 年，当班主任 16 年，遇到的绝大多数家长都比较尊重老师。但最近几年，作为资深班主任，我却或多或少会遇见自我型的家长，比如今年接手的这个班。

一个周六的晚上，有位学生的家长钉钉留言说，孩子在后面看不清黑板，要求我将孩子座位调到前数第三或第四排。我当即把电话回了过去，详细跟这位家长介绍了我们班级的座位安排原则：学生以小组为单位，按照小组考核量化分数自高到低依次挑选座位，我作为班主任不能利用班主任的权威去干涉并打破这种班级座位规则，并且如果我这样做了，不仅没法跟全班同学交代，而且也让她家的孩子置于众矢之的，与大家格格不入。这位家长比较通情达理，等我介绍完后，她说再想想别的办法，比如通过给孩子垫个坐垫或把凳子抬高一点来以缓解当下问题。

紧接着，第二天（周日）晚上，另一名学生的家长也要求让我把她孩子的座位调到中间，不能靠后，也不能太靠前。因为时间已经很晚，第二天要上班，我等到第二天早晨上班时给她回复并积极沟通，内容和跟那位家长说的大体一致。但是这位家长不仅不通情达理，而且情绪激动说如果我不给孩子调位，就要找校长。我不卑不亢地和她沟通，在接下来的几天里一直积极地想法给她孩子调位，并且明确表态再等一两个周国庆节回来后班级大调位时，我会考虑她的诉求，现在冷不丁给她家孩子单独调位，对孩子不好。但是她却一直咄咄逼人，听不进去我的任何劝告。

事后，我也静心反思这件事：这位家长是自我和护孩子合二为一的类型，有不达目的誓不罢休的强势性格,更有情绪不稳定、易暴躁的性格特质。俗话说一个巴掌拍不响,我最大的问题是在之前的班主任工作经历中没有遇见这样的家长,面对家长这样的无礼要求,没有以接纳的心态包容她,没有共情她的焦虑情绪,对于自己的治班立场和原则非常坚定。现在想想我当时可以用包容的心态,采取迂回战术来应对她,尤其对于这样情绪不稳定的家长不要用正常方法来和她沟通,也没必要和她一直纠缠。

改革开放后,经济进入高速发展的轨道,人们更加渴望独立、自由,他们接受信息的渠道空前广泛,中国传统的尊师重教氛围已远远不如以前。所以现在很多家长远不如以前的家长对老师尊重和信任。高速发展的经济势必会带来人们焦虑情绪的爆棚,这两位家长表面看是自私自利,缺乏正确的沟通方法,究其深层次原因都是因为掌控不了孩子,想通过让老师安排座位,给自己安全感,将对孩子的学习焦虑转嫁给老师。

沟通讲方法,方能事半功倍。班主任每天要和学生、家长、任课老师和学校不同处室的同事打交道,我们首先要成为一个情绪稳定、性格谦和之人,然后运用合适的沟通技术来与他人沟通。修行一直在路上,让我们一起努力,争做沟通达人!

(威海市塔山中学　姜文君)

第 29 问:不同阶段的家长会, 班主任该如何开?

【老班难题】

一次成功的家长会,不仅能促进班主任与家长更好地进行沟通,而且家校合力也会对老师日常的教育教学工作起到关键的作用。可是老师与家长面对面沟通的机会很少，孩子成绩差的家长甚至不愿意来开家长会。如何才能针对班级不同阶段的情况，开一次有意义、有实效的家长会呢？

【寻根究源】

一、学生方面

对家长会认识狭隘，认为家长会就是班主任和家长们互相"串通"消息或"告状"的会，不能从正面认识到家长会对自己下一阶段成长的助推作用。

二、家庭方面

部分家长不重视家长会，不认真听取班主任的发言；部分家长参加家长会只为了解孩子最近阶段检测的成绩，对于孩子的其他表现都不重视。

三、学校方面

学校缺乏对班主任尤其是新手班主任相关方面的培训，级部里缺乏家长会前的集思广益，不能将这一阶段学生成长的优劣有针对性、重点突出地呈现，给家长造成一种每次家长会都是班主任"老生常谈"的错觉。

【解忧锦囊】

一、家长会时充分发挥家长的主观能动作用

会前和家长充分沟通，邀请家长在家长会上发言、提问、参与问题商讨，使家长能主动参与到家长会中来。

二、家长会前对班主任进行相关培训和开级部会

学校应该对班主任进行相关培训或请有经验的班主任进行交流分享。级部里要召开级部会，共同商讨这一阶段学生学习成长过程中的优劣，集思广益。

三、家长会后让家长和孩子一起填写反馈单

家长和孩子通过填写反馈单，一起复盘家长会的重要内容，对下一阶段孩子的学习和成长做好规划，使家长会的效果最优化。

不同阶段的家长会侧重点不同。

1. 新生家长见面会。新生家长会是家长急切盼望的与班主任的见面会，如何让孩子顺利适应新班级和新老师、新同学是家长急切渴望得到的指导。所以这次家长会上，班主任不仅要介绍自己、带班理念、学校的各种规章制度、注意

事项等,更重要的是让家长了解新的年级和以前年级的不同,尤其是如何培养良好的学习习惯、家长如何做好监督工作。

2. 期中考试后家长会。期中考试是孩子升入新年级的第一次正式考试,家长和老师都比较注重考试成绩,所以本次家长会首先要进行成绩分析,让家长知道孩子的水平,而且要根据成绩对学生的在校表现进行全面分析,从纪律、卫生到学习习惯、学习方法等方面,结合学生的具体事例进行讲述,也可以将优秀作业本、改错本、书画作品进行展示,引导家长注重培养孩子的良好品德、言行、学习习惯等。然后要讲一讲班级下一阶段的目标及家长如何配合进行家校合作,可以讲一些家长在家的实际做法,也可以请 2～3 位家长做家教经验交流,以更好地引导孩子适应初中生活。

3. 寒暑假期末考试后家长会。这个阶段家长会内容主要有三个。一是回望过去,对一学期班级整体发展情况进行总结,包括取得了哪些荣誉、有哪些好的表现,以及存在的问题,可以将学生的活动做成视频。二是对期末成绩进行表彰和分析,哪些同学较期中考试进步了、哪些基本持平,将名单梳理出来。三是假期生活指导,包括孩子如何做好假期规划、劳逸结合,学习方面如何弯道超车,及时复习、合理预习,同时建议进行亲子健身、旅游、共读等活动,让孩子开拓视野,增长见识。

【案例聚焦】

初遇即是熟识

新学期开始,我担任九年级十班的班主任。在岗位公布之后,很多同事立马向我投来了"同情"的目光,因为这个班在八年级时成绩纪律都是倒数第一的。

紧张忙碌地过了三个周,迎来了第一次家长会。怎样利用接班后的第一次家长会为家长赋能,使他们既能充分信任教师、配合好我们的工作,又能积极参与到孩子成长中来促其进步呢?我第一次深切体会到了开好接班后第一次家长会的重要性。

一、布置班级环境,营造温馨氛围

家长会召开之前,我带领全体同学一起打扫教室卫生,精心布置了教室,在黑板上写上了温馨的欢迎词，将桌椅摆放成了圆桌样式，希望家长走进教室后对班级的管理、班级的文化氛围、班级的集体责任感有认同，觉得孩子在这样的环境中、氛围中是放心的。

二、树立教师威信，重新点燃信心

家长会前，我搜集了每一位任课老师的详细信息，将他们的获奖情况、教学成绩等进行了详细整理，并在家长会上逐一进行了隆重介绍，希望家长们感受到学校对班级教师配置上的用心，使家长能够重新点燃信心，助力孩子九年级的学习成长。

三、分析班级现状，提出共同愿景

在前面良好氛围的铺垫下，我真诚地将自己开学以来对班级的观察反馈给家长，并且对班级的优点和不足进行了深度剖析，使家长们能够充分认识到班级目前存在问题的严重性以及孩子具有的巨大潜力，从而在班级共同愿景的感召下愿意积极参与到班级事务和孩子的学习成长中来。

四、搭建沟通桥梁，赋能未来成长

家长会前我精心制作了一份阶段检测复盘表，让学生将自己前一阶段的学习情况进行反思，并确立下一阶段的目标。同时给家长和孩子留出了空白区域，鼓励孩子大胆地对家长说说自己的心里话——可以是自己最想对父母说的话，可以是自己对父母感谢、感恩的话，也可以是对父母提出的意见或建议。家长也同样可以将自己对孩子的鼓励、期盼或是歉意都充分表达出来。事实证明，无论是家长还是孩子，都会感受到彼此的真诚。这种通过家长会缔造的良好氛围将更好地助力孩子下一阶段的学习和成长。

就这样，我们在真诚的氛围中结束了第一次家长会。会后，我能从家长的反馈中感受到他们对我们的信任，也能从孩子的变化中感受到家长会的作用，相信我们的班级也一定会向着良性方向更好地发展。

（威海市第七中学　徐妮妮）

第 30 问：面对家长送礼，班主任该怎么办？

【老班难题】

从教多年，很多班主任会遇到这样的情形：家长逢年过节时会给班主任送礼。在中国这样一个人情社会，我们班主任经常很为难，如果接受家长的礼物，一方面违反了教师职业道德，另一方面感觉和家长、学生的关系变了味。作为班主任，我们到底该怎么办？

【寻根究源】

一、教师方面

有的班主任性格不太随和，给家长以距离感，家长为了套近乎，更为了老师对自己的孩子优待，所以给老师送礼。

二、家长方面

根据多年班主任经验，家长给老师送礼大致分为以下几种类型。

1. 真心感谢师恩。这种类型的家长送礼物给老师是发自内心地感恩老师。在他们孩子成长的过程中，老师无疑起到了重要的作用，他们切身感受到老师在教育和引导孩子的过程中所付出的心血和精力。这种类型的家长有着强烈的同理心和感恩心，他们送礼物给老师，是对老师默默付出的感激和敬意，即使他们的孩子毕业多年，这些家长逢年过节依然能时常惦念老师，给老师们发来祝福的短信。

2. 为了博得老师的厚待。这种类型的家长为了让老师能对自己的孩子额外优待和照顾，想通过给老师送礼物来达成这一心愿。这种类型的家长在给老师送礼的家长中，所占比重是最多的，甚至有的家长前脚给老师送完礼后脚就在亲朋好友面前诋毁老师。

3. 给孩子做表率。随着家庭教育的普及，越来越多的家长能够意识到榜样的力量。他们不仅在口头上教育孩子要学会感恩，感谢父母的养育之恩、师长的教育之恩，而且还落实在行动上。

【解忧锦囊】

中国自古以来就是礼仪之邦，尊师重教、崇智尚学是中华民族一以贯之的文化传统。无论时代如何变更，尊师重教这一优良传统不仅不应该退出历史的舞台，而且随着文化和科技的发展更应受到崇尚。因为教育如果缺乏敬畏和尊重，很难有好的教育效果。

班主任对待家长的送礼应该具体情况具体对待。

对于真心感谢师恩的家长，我们可以坦然接受家长的感谢，尤其是当孩子毕业，但我们要引导家长送一些精神上的礼物，比如一面锦旗或是感谢信，而不是物质上的礼物。这样既满足了家长真诚的感激之情，又为全社会营造尊师重教的良好氛围贡献了自己的一份力量。

为了博得老师的厚待和为孩子做表率的家长，如果给我们送的是精神层面的礼物，我们可以接受，但是如果给我们送的物质方面的礼物，我们要婉言谢绝。线下全体家长会时，要跟所有家长明确表明自己的师德立场，我们对于每一个孩子的心都是一样的，不偏不倚，家长没必要通过给老师送礼物来让老师对自己的孩子多关照几分。如果家长实在想表达对班级、对老师的感恩之心，可以通过积极参加班级活动、多为班级做贡献等方式来表达。

当然，班主任要不断修炼、完善自己的性格，为人谦和，与家长相处不卑不亢，平等、真诚地对待家长和学生。

【案例聚焦】

教师不收礼，要受到礼待

很多老师会感慨现在的孩子和家长远不如以前的孩子和家长对老师那么尊重，他们对老师所谓的尊重也只是即时性、功利性的，很少有发自肺腑的尊重和感恩。这可能与社会大环境的浮躁、功利氛围有关，也可能与当下知识获取通道的多样化有关，老师不再是知识的唯一获取通道，也不再是知识权威的化身，学生可能懂的比老师都多。人际交往中礼尚往来是不可避免的。礼物作为一种交往媒介普遍存在于人际交往中，并兼具表达性与工具性两种功能。然而，近些年来，在社会功利性大背景下，家长给教师送礼物越来越有功利性目的，因此"教师收礼"逐渐成了负面问题。

古代学生与教师初见面时，必先奉赠礼物，表示敬意，被称为"束脩"。早在孔子的时候已经实行。唐代学校中仍采用束脩之礼，并由国家明确规定，不过礼物的轻重，随学校的性质而有差别。教师在接受此项礼物时，还须奉行相当的礼节。束脩的致送，表示学生对教师的尊敬和感谢之意。随着时代的发展，束脩之礼和拜师之礼早已退出历史的舞台，但是我认为尊师重教不应该退出历史的舞台。因为教育如果缺乏敬畏和尊重，很难有好的教育效果。而培养这种敬畏之心、尊重之心的一个很好的方式是仪式感教育。

每年的教师节我都会和班上的孩子在隆重的仪式感中度过。教师节前一周我会鼓励班委会和家委会成员拟好庆祝教师节的活动方案，利用美术课、音乐课手工制作教师节礼物和进行节目彩排。同时，我会提醒学生一定不能拿父母的钱来给老师买节日礼物，大家可以利用美术课或放学后与父母一起制作贺卡等作品或者用自己的优异表现来表达对老师的感恩之情。我也会在第一次家长会中明确表明自己的立场，老师对于每一个孩子的心都是一样的，不偏不倚，家长没必要通过给老师送礼物来让老师对自己的孩子多关照几分。如果家长实在想表达对班级、对老师的感恩之心，可以通过积极参加班级活动、多为班级做贡献，或为班级孩子买奖品等方式来表达。所以，每接手一批学生，家长都会很自觉地积极参与各种活动。例如，在运动会和去拓展之前，家委会成员给孩子们送来巧克力、运动饮料、矿泉水、面包等物资；期末考试颁奖典礼上，家委会为获奖的孩子颁发奖品、奖章和奖杯；每学期家委会会组织孩子们去研学、采摘等，增强班集体凝聚力。我对孩子们的真心付出和倾心奉献也在默默打动着家长。去年学生毕业时家委会代表全体家长想送给我一个水杯，我婉言谢绝了。面对他们的执意表达，我说："如果你们实在想表达对老师的感恩之情，要不你们送给我们班全体任课老师一面锦旗吧！毕竟我们班级中考取得这么好的成绩是我们全体老师、家长和孩子共同努力的结果，而不仅仅是我一人的功劳。"

教师的三观和道德情操是学生学习的榜样，更是民族未来精神的方向标。教师应该不断加强自身的职业道德修养，努力做一名有理想信念、有道德情操、有扎实学识、有仁爱之心"的"四有"好老师，做一名塑造学生品格、品行、品味的大先生。

(威海市塔山中学　姜文君)

第 31 问:遇到"难缠"的家长, 班主任该怎么办?

【老班难题】

在实际教学过程中,取得家长的配合是很重要的,如果没有有效的家校沟通,教育将难以持续,乃至收效甚微。而在与家长的沟通过程中,总会遇到那么几个"难缠"的家长,让教育教学受到影响……

【寻根究源】

一、学生方面

1. 孩子在学校里受到委屈(如受到老师批评、座位不理想),家长爱子心切,不了解事情原委,误会老师。

2. 孩子不能客观公正地评价老师或者全面地看待老师的教育,给家长造成了误导。

3. 在孩子以往的成长经历中,已经对老师和学校积怨较深。

二、学校方面

学校或教师在工作中存在不太完善的地方,导致家长的不理解或者质疑,出现不和谐的情况。

三、家长方面

1. 部分家长对孩子的教育无能为力,将这种情绪发泄到老师身上。

2. 部分家长对教师这个职业有偏见,面对问题时先入为主。

3. 部分家长自觉略懂教育，干涉学校正常教育节奏。

【解忧锦囊】

1. 与家长沟通，态度很重要。教师需要谨言慎行，尊重家长，不卑不亢。当家长电话咨询，我们没想好如何应答时，可以采用暂时搁置的方法。

2. 遇到学生违纪，尤其是班主任不在场时，要学会使用还原事实的技巧。方法一：借助班委的反馈，如处理违纪学生问题需要家长协助时，可以让班委把该生在校表现写下来给家长看。方法二：借助任课老师的反馈。以上两种方法的目的是通过第三者的视角来更客观地反馈学生在校表现。

3. 遇到抱怨、有情绪的家长，一定要先解决情绪，再解决问题。首先，耐心倾听家长的抱怨、牢骚，尽量不要随意打断。其次，从内心真正接纳、共情家长此时此刻的情绪。最后，尝试用非暴力沟通语言模式与家长沟通：表达观察—诉说感受—讲述需要—提出请求。如"我能感受到您是担心孩子在学校吃不饱饭，我非常理解作为一名母亲的担忧。当您朝着我大声斥责、埋怨时，我心里很不舒服，也觉得委屈，希望以后无论发生什么事，咱们都能平心静气地进行沟通好吗？"

4. 很多时候，深入的家访和面对面的交流，更容易获得家长的信任和支持。因为钉钉、微信等聊天软件上的文字有些冰冷，电话沟通缺乏表情、神态等信息的传递，只有面对面沟通或家访更容易拉近彼此距离，深入了解学生的成长环境、性格特点和家长的教育理念。与家长见面前班主任最好认真准备，比如可以让班上同学、班干部、任课老师写下该生近阶段在校表现，班主任汇总后，以档案袋的形式转交给家长。当然我们也可以让孩子在学校给家长写一封信，信里写一些他们平时不敢和家长表达的心声，班主任代转给家长。这封信对家长会是一份惊喜，家长会感动于我们的这份用心。通过以上两种方式，家长会对我们的工作给予认可，更加积极地配合，交流起来也会更加顺畅。

5. 学校方面可以通过线上、线下多种形式，开展家校沟通的多角度培训，通过活动让家长认可学校和班主任的工作。性格强硬的班主任可以转变一下风格，以一种更加柔和的沟通方式与家长交流，获取家长的信任。

【案例聚焦】

班主任成长的"良药"

这里要谈的班主任成长"良药",是指在班主任工作中会遇到的各种"难缠"的家长。教学十五年,班主任工作十年,令我印象深刻的"良药"有两位,这两位家长,让我的班主任工作越来越细致,越来越能够贴近学生和家长。

我的第一位"良药",出现在我第一年当班主任时。那时我大学刚毕业,青春有活力,有太多的教育梦想要实现(从小的理想就是当一名老师),每天风风火火、大刀阔斧地进行着自己的计划和目标。

工作一天的我,刚放学送完学生,回到办公室就接到了一个"暴风雨"式的电话。电话那头是一位愤怒的妈妈,质问我为什么她的儿子中午没有吃饱,放学刚回家就喊着饿。这样的指责真是让人火冒三丈,我当时口气很不好地对家长说:"请你平复好你的心情,如果你带着这样的情绪跟我解决问题,那你还是把电话挂了吧!等你什么时候平复好自己的情绪,什么时候再打电话给我!"面对火气很大的我,这位家长马上就缓和了情绪,跟我说:"老师,我不是冲你发脾气,只是听到孩子说中午没吃饱,我这个当妈的就有点儿控制不住自己的情绪了,老师你别生气!"后来,我跟这位妈妈解释,中午吃的蛋炒饭,孩子们都很喜欢吃,我怕孩子们吃不饱,在班级里问了好几遍,但她的孩子并没有说要吃。最后,班级里的蛋炒饭还剩了半盘子,送回了食堂。孩子妈妈了解了情况以后,跟我道歉,希望我能理解做妈妈的心情,并跟我说,她的儿子比较内向,不会主动拿取饭菜,希望老师能够关注一下。

事后,我深深地反思了自己,我总是自认为学生需要独立自主,却忘记了教给他们方法,忽略了他们是初一的新生,正在拼命地适应初中的生活,而他们的家长也是如此。有时,我在感叹,其实自己遇到了一个明事理的家长,如果真的遇到"难缠"的家长,我自己的态度首先就会让矛盾激化,问题更不能圆满地解决。我更反思自己,在教育教学中,不仅仅需要给予学生思想上的引领,更需要细致的生活指导。从那以后,我会细致地教学生怎样整理书包,怎样打扫卫生……学生吃饭时,不会再空喊,而是关注学生吃饭的状态,问他们是否吃饱了。等自己做了妈妈,我就更感谢这位妈妈了,因为我更能够感同身受。

作为一名乡镇中学的班主任，每一批学生中，总有那么几个特殊的学生，尤其我们学校主要是外来务工人员的孩子。面对这种情况，每一学期的贫困资助就是一件很重要的事情，但初中的学生，自尊心又很强，他们不愿意让别人知道自己的家庭状况，每每这个时候，就需要班主任动脑筋，既让自己能够快速了解学生的情况，又能顾及孩子们的自尊心。刚做班主任时，说句实话，我并不太关注这一块儿，自认为资助的金额太少，能解决学生什么问题。后来，我才明白什么叫一分钱难倒英雄好汉。有时，一块钱对于有的孩子来说，都是难得的零花钱。

有一天晚上，我接到一个喝醉酒的爸爸的电话，电话的那头冲着我怒吼，说老师不负责任，没有爱心……当时的我都愣了。最后，这个家长哭着质问我："我们家这么困难，为什么不资助我们？我们的资助申请已经交了，怎么还没有资助我们？"我当时只能跟他说，申请已经提交，是否能够通过，需要区教育局根据每个学生的情况来决定，具体什么时候下发，需要区里统一安排，不是学校能决定的。这边电话一放，我就给相关的领导打电话，询问相关事宜。那天晚上，我辗转难眠，愤怒充斥心间，委屈无限蔓延……

第二天，这个学生怯生生地跟我说："爸爸昨晚喝酒了，老师您别生气，今早我爸爸就后悔了，让我跟您道歉！"这时，我才发现孩子在寒冷的冬天只穿了一件薄薄的衣服。通过跟孩子的聊天，我了解到他的家因爷爷奶奶生病欠债十几万，爸爸身体也不好，没有稳定的工作。聊完后，自己真的是特别心疼这个懂事的男孩子。从这以后，每一年的贫困资助，我都会认真地对待，尽力了解每一个孩子的家庭情况，为这些孩子们做自己力所能及的事情。

相逢即是缘，在教育教学的路上，我们会遇到各种各样的家长，在彼此的相处中，也难免会有各种各样的问题。但为人师者，无论在何种情况下，都应该积极地沟通，认真地对待，不负遇见！

（威海市第七中学　张春玲）

第 32 问：面对家长因学生座位安排不满意，班主任如何沟通？

【老班难题】

除了孩子的成绩、作业，家长问得最多的就是排座位了。班级座位安排的确是个棘手的问题。当家长提出座位的具体要求时，无论是新手班主任，还是有经验的班主任，都会头疼。因为家长对座位安排的诉求往往是不同的，而班级中座位的安排又是因人而异的，很难让所有人都满意。面对家长对座位的不同诉求，班主任该如何跟家长沟通呢？

【寻根究源】

一、学生方面

1. 有的学生对老师的批评有意见，对座位的安排过度理解，回家和家长进行了过度演绎，造成家长和老师之间的不理解与矛盾。

2. 喜欢原来的同桌，想要永久"绑定"。有的学生不想和之前的同桌分开，所以要求家长出面继续保留之前的位置。

3. 不喜欢周围的某位同学，想要"解绑"。换座之后发现不喜欢周围的某位同学，所以要求家长出面将这位同学调走。

二、教师方面

排座位是家校关系中最普通的一个矛盾，这个矛盾产生的原因就是老师在排座位这件事上没有赢得家长的理解和信任。

三、家长方面

1. 喜欢前排的座位，不接受孩子后移。因为注意力、身高或者视力等原因，家长希望孩子坐在前排。

2. 家长认为周围其他同学爱说话，或不想让孩子和后进生坐在一起，怕影响自家孩子学习。

【解忧锦囊】

1. 不必当下答复。面对家长的要求,基本的原则就是耐心倾听,告诉家长自己已经知道了家长的诉求。至于如何解决,因为毕竟涉及座位问题,那就不是一个人的事情。

2. 不能偏听偏信。很多时候,学生本身对座位其实没有那么大的"执念",反而是家长的刻板印象作祟。所以当家长提出要求时,一定要问问学生的意见。即便真的是学生自己的诉求,那也要全方位了解原因,不能只听一面之词就仓促否定原先的座位设计。

3. 循序渐进巧回应。向家长表示理解,耐心解释班级排座的制度。班主任首先告诉家长座位安排应该遵循公平与总体的原则,其次让家长明确班级座位是依据学生身高安排的,高个同学如果突然移到前排,会对其他同学造成影响,班主任也得对全班同学负责。面对近视同学家长换座的要求,建议带孩子去正规医疗机构进行近视干预和矫正,不要错过最佳干预时机。

4. 老师可以不和家长做长时间的一一沟通,可以选择在家长会或者班级群里发信息,阐明自己的教育理念和对排座位的看法。比如:当下的座位充分考虑了每一位学生的问题,视力情况、学习习惯和态度、身体发育等,如果出现了影响学习的现象,老师也会及时调整,请家长放心,并以积极的态度来配合老师的工作,引导学生把主要精力放在学习上,成绩的好坏靠的还是自己,我们的班级是一个大集体,需要家长和老师还有学生的共同理解。

5. 个人服从集体。我们尊重家长和学生的意见是一回事,正向的教育和引导又是另一回事。一旦确定真的是学生或家长不合理的诉求,那么要告诉学生和家长,个人在集体之中,提升包容度更有助于孩子打开新局面。

【案例聚焦】

"坐法"重要,"做法"更重要

一天晚上十点,轩的妈妈打来电话。寒暄几句,她便直奔主题:"轩说昨天刚刚换了座位,他坐到最后一排了。"继而她又委婉地提出了想要帮孩子换座位的请求。

一、表达歉意并表示理解

为人母的我作为老师，很能理解家长对孩子坐在后面看不到黑板影响学习的担忧，所以我尊重并理解家长，先坦诚地表达我疏于关注轩的歉意，再表达我的想法，继而达成双方共识。"轩妈，真的非常抱歉，昨晚刚刚换了座位，今天上完课我就走了，没注意到轩坐到最后一排了。"然后说出她的顾虑，表达我对她心情的理解："轩个子那么矮，如果真的是如他所言，坐到最后一排，很可能看不清黑板。我很理解您担忧的心情。"

二、简单解释班级排位制度

然后我跟轩妈解释了排座制度："我们班的座位是'自由选位制'，根据学生诚信考核分数的高低，按照先后顺序选座位。学生的诚信考核分数包括成绩、纪律、卫生、内务、体育等几方面，成绩包括总分排名积分、进步名次积分、单科排名积分等多项。每次月考之后，核算当月的分数，重新自由选座位。简言之，孩子坐在哪里不是老师安排的，是孩子一个月努力的结果换来的。"在解释的过程中，我刻意强调了这个排位制度以下几点：

1. 不是单纯以学生成绩进行排座位。

2. 一个月换一次座位，换位后积分清零。

3. 这种排座制度是班级文化的一部分，在家长理解和学生共识的基础上施行，我们班施行两年来几乎没有家长打电话质疑过座位问题，因为家长们都知道这是孩子表现的一种体现形式。

4. 可能存在学生身高差异问题，比如矮个子的坐到后排、高个子在前排等，需要具体问题具体分析，有针对性地解决。

5. 可能存在特别爱说话的同学聚在一堆，影响班级纪律，这需要老师及时发现并调开，因为自习课说话者等于自动放弃选座位的权利，期限是一个月。

但是我发现轩妈完全没心思听我的长篇大论，所以我最后简单地解释了一句："我们的排位制度是根据考核分自由选择的，一个月选一次座位，还有两周就要月考了，之后马上换座位。"

三、先承诺可以换位置

我明白家长打电话的意图，就是想让老师换座位。如果老师果断拒绝，可能会引发激烈的家校矛盾；如果老师打算通过讲道理说服家长，事实上家长根本听不进去。所以，我先承诺家长"我可以帮忙换座位"。

"调了座位如果出现坐在一起聊天的现象，那么我就会取消他们自由选座位的权利，把他们调开。一旦有这样的机会，我优先考虑轩个子小的情况。如果您等不及这三两天的话，我可以明天问问哪位同学愿意帮帮忙，您看这样可以吗？"

可能因为我"太客气了"，又"答应得太快"，轩妈反倒有点不好意思了。

家长心里踏实了，也就更愿意听老师说了。继而我就顺利表达我的观点和看法。

四、再提供多一种选择——让孩子靠自己的努力换位置

我先阐明这件事给我们班以及轩带来的负面影响："我擅用班主任的专权调动位置倒不是什么难事，但是有悖于我们班民主自由的班级原则，影响同学们主动进取的积极性，最重要的是轩错过了一次靠自己努力改变现状的机会。坐这个位置是暂时的，但是对他心理产生的影响是深远的，我想告诉孩子们：想要的东西，必须靠自己的实力争取！"

然后，我再给予殷切地期望："我希望他能靠自己的能力换取心仪的位置，这比他坐在哪里更重要。我也相信他有这个能力，为了实现自己的目标，他这个月肯定会更努力。"

五、尊重孩子的选择——让孩子自己做决定

最后我们达成共识："这样吧，明天我问问孩子的意见，他如果看不见，想要换位置，我一定给他换；如果他能看见，不想换，也请您尊重孩子的意愿。"

为了不因此激化亲子矛盾，我又向轩妈提议："如果我突然给他换座位，很唐突，他知道是您告诉我的，又要闹脾气。所以我们统一口径，不要告诉他您打电话给我的事情。"

这位家长很通情达理，在沟通之后，愉快地结束了通话，我也安心去睡觉了。

第二天早上，我马上找到轩，只字不提他妈妈打电话的事，只是关切地问他："我看你坐到最后面，能不能看到啊？有没有需要老师帮忙的？"他轻描淡写地说："能看到，不用换座位啊！"我拍拍他的肩膀，鼓励他："这次摸底考退步有点多，影响了考核分数，两周之后月考，加油！"

晚上,我又抽时间给轩妈打电话,告诉她轩不换座位,轩妈表示尊重孩子的想法,并感谢我亲自打电话告诉她后续的处理结果。

从半夜打电话要求给孩子换座位的激动情绪,到接老师电话时平和又感激的态度,转变的原因便是老师与家长的相互理解与支持。说话是一门技术,如何说得让家长心悦诚服,更是一门需要老师好好钻研的艺术!

(威海市城里中学　姜玉彦)

第 33 问:当班主任的教育理念和学校领导的要求有冲突时,班主任该怎么办?

【老班难题】

每位班主任都有自己的教育理念。现实工作中,有时班主任的教育理念和学校领导的要求不一致甚至有冲突时,班主任往往左右为难,内心矛盾。如果遵从自己内心的教育理念,会与学校的要求相悖;如果按照领导的要求来落实,又违背自己的内心。当班主任的教育理念和学校领导的要求有冲突时,班主任该怎么办?

【寻根究源】

一、领导方面

古人云:到什么山上唱什么歌。人站在不同立场上会说不同的话,尽管很多领导都是从一线教师成长起来,但是他们会站在领导的角度去思考问题和解决问题,他们的出发点是服务于自己的管理。

二、教师方面

不同的班主任对自己班级管理的理念不尽相同,有的班主任认为学生健康快乐地成长或自己的教学任务比德育处的考核分数更重要,不想为了所谓的流动红旗班级去过分限制学生的自由,所以对学生在纪律、卫生等方面的要求比较宽松,这在某种程度上会让领导认为这种类型的班主任不负责任,没有严格落实学校要求,导致学生没有规矩。

【解忧锦囊】

站在不同的立场看待事物有不同的出发点,自然会有一定的分歧,这是在所难免的。作为教育系统中的一分子,我们要学会服从领导的安排,认真落实,同时我们也不能丢掉自己的教育理念,不忘初心,方得始终。这就需要我们灵活处理学校领导安排的每项工作,在校规、班规允许的范围之内,在不违反学校领导要求的前提下,最大限度保证学生身心健康发展。具体做法如下:

1. 会沟通,重合作:当班主任的教育理念和学校领导的要求有冲突时,我们要积极与领导沟通,说明自己的观点和想法,共同探讨教育方向和教育方法,寻求共识,力争达成一致。

2. 兼顾学校要求和个性化管理:班主任可以在满足学校要求的前提下,尝试采用个性管理方法,有效结合学校领导要求和个人教育理念。

【案例聚焦】

坚守教育本真　在分歧中寻找平衡点

在班主任工作中,我们经常会有这种感受:人在江湖身不由己。大学毕业后,我们带着教育梦想从一个校园踏进另一个校园,努力工作、勤勉不辍。当我们的教育理念和学校领导的要求有悖而行时,我们难免茫然无措。

初当班主任的我对领导的要求无条件执行、严格落实,但如今多年的班主任工作经历已教给我要学会在两者之间努力找到一个平衡点。现在我更多的是站在有益于学生身心发展的立场,而不是只盯着我们班级的德育考核分数。比如面对德育处禁止学生课间疯打闹,以免发生安全隐患这条规则,我是这样做的。青春期孩子精力旺盛,课间短短 10 分钟,他们往往喜欢凑在一起追逐打闹,对于他们的行为,我是完全理解的。基于这样的教育理念,我首先跟学生说明了学校德育处的规章制度以及不允许他们课间疯打闹的本意,同时建议他们在保证安全和不迟到的前提下可以到楼下空旷区域或操场上尽情玩耍。如果天气不好，学校不组织大课间跑步时，我让学生休息10分钟后在教室里练习踮脚尖。这个活动既能练习学生们的注意力，又能促进血液循环、稳定脚踝、锻炼身体。因为学生都在教室里练习这个活动，所以不会出现到处追逐打闹的现象。这既遵守了德育处的规定，又满足了学生天性好动的需求。

再比如，学校德育处要求中午大扫除，下午大课间时要进行卫生评比，如果整个中午都用来大扫除，学生不睡觉，势必会影响学生下午的学习效率和身体健康，如果不打扫也势必会违背学校领导的要求。思前想后，我利用午睡前和午睡后的短短10分钟时间合理安排每个组包干到户，1组负责擦前后门，2组负责擦窗户，3组负责清扫地面，4组负责拖地，5组负责倒垃圾和维持垃圾桶周围的卫生，6组负责打扫室外卫生区，7组负责教室物品摆放。各小组展开竞争，最后评比出效率最高小组、打扫质量最高小组、最佳搭档小组等。

班主任工作充满了挑战，班级管理琐碎繁杂，每一项细小的工作都蕴含了班主任的育人理念和智慧。只要我们能坚守教育的本真，不忘初心，肯定能在自己的教育理念和学校的要求中找到最好、最利于学生的切入点。

（威海市塔山中学　姜文君）

第34问：接到任课老师"投诉"，班主任该怎么办？

【老班难题】

在班主任工作中，有时我们像一个"意见箱"，经常会接到其他任课老师的投诉，有时是因为学生习惯性不交作业，有时是学生上课故意捣乱……接到任课老师的"投诉"时，我们该怎么办？

【寻根究源】

一、学生方面

学生本身纪律观念薄弱,经常对作业敷衍了事、课堂违纪,平时没有与该任课老师建立起良好的师生关系。

二、教师方面

任课老师与学生没有建立良好的师生关系,缺乏掌控课堂的基础。

三、家庭方面

有的家长对孩子学习要求过严或过松,对孩子关心不够,孩子的问题便会反映在各个方面。

【解忧锦囊】

静:保持冷静,及时劝阻,缓和气氛,安抚双方,防止矛盾升级。当遇到这样的问题,首先要用一种柔和的方式来平复学生和任课老师的情绪。然后单独跟学生进行沟通,表示能够理解学生的所作所为。等学生平复后再继续分析这件事情,让学生冷静地思考自己的所作所为。学生自然会反思自己的问题,承认自己鲁莽的行为,并放下对该任课老师的成见,理解老师的责任心,能鼓足勇气主动跟该任课老师道歉。

听:学会倾听双方的心声,待他们发泄完情绪后,再解决问题。待双方冷静下来后,要分别向他们了解整件事情的来龙去脉,倾听双方的心声,再根据双方阐述的事实作出判断。

查:调查起因经过,来龙去脉。如果是老师自身的问题,应该和老师积极沟通,在授课方式上和授课态度上逐渐完善;如果是学生的问题,要和学生进行沟通,让其认识到自己的错误,并改正自己的错误;如果是学生家长的原因,老师应该与其家长进行沟通交流,了解学生的家庭情况,和家长一起帮助学生改正。有经验的班主任在新接班时会很快通过家访、谈心、观察等方式去了解每个学生的家庭及社会背景,了解学生的个性心理特征,了解学生的学习态度、学习习惯、学习成绩,了解学生的人际关系等,以便更有针对性地进行教育。

巧:注重谈话技巧,采取"三明治批评法",即利用两个优点带一个缺点。

解:理解学生的不成熟,也理解任课老师的付出和用心。事后向该任课老师表示对其工作责任心的认可,并反馈该生的性格特点、家庭背景等,以便该任课老师更加了解学生,在与之相处时能更好把握分寸和尺度。同时,应经常请任课老师参与班级活动,增进每个教师与学生之间的互信和感情,维护任课老师的尊严与威信。

【案例聚焦】

数学"风云录"

二次函数是无数孩子的难题。最近,我们班的数学老师因为课堂上无人回应、很多学生学不明白而上火,跟我反馈了好几次,也给我列举了一连串课堂上不认真听讲、课后写作业不认真的名单,而这些名单里,有很多学生都是平时非常听话、优秀的孩子,问题到底出在了哪里?还未探究明白,数学课上,老师就爆发了。班长匆匆忙忙到办公室找我,说因为同学不回答问题,数学老师生气了……我急忙赶到班级,看数学老师正要离开,我急忙跟数学老师道歉:"××老师,真是抱歉!孩子们惹你生气了,你别跟孩子们生气,我来处理这件事情,你到办公室休息一下,剩下的时间交给我,你千万别生气!"

送走了数学老师,我走进班级,看到失落、沉默的学生,训斥的话真的说不出口。我刚从其他数学老师那里了解到这部分数学内容很难,平时数学基础不是很好的同学,学习起来会很吃力,尤其像我们班级这几个内向、思维不够活跃的学生,这部分内容就是"灾难"!

看着孩子们沉默了几分钟,我缓缓开口:"同学们,我们做个游戏吧!每一位同学都准备一张纸,我们来撕纸玩,我给大家放音乐,大家以自己的方式,想怎样撕就怎样撕。"于是,我给他们播放了一首动感的音乐。学生从一开始的"生无可恋",慢慢地有了情绪的宣泄,随着音乐的律动,一点点放松下来。等孩子们把纸团抛向自己最要好的同学时,坏情绪逐渐开始远离。这时,我才开始和孩子们聊关于刚才与数学老师之间发生的事情。我的第一个问题:"数学老师生气,大家开心吗?"接着又问:"数学老师愤然离开,他开心吗?"看着孩子们摇头,我接着说:"既然都不开心,相信大家都不想把事情搞成这个样子,数学老师也一样。那是什么原因让事情发展到了这个地步?我觉得是数学老师希望同学们能够把知识学会,而同学们没有学会。我不想问大家为什么没有学会,我只想问:'数学老师,为什么想要同学们把知识学会?'大家仔细想一想,是为了数学老师自己吗?如果大家想明白,请拿出一张黄色稿纸,向数学老师说一说你的心里话,不记名,大家可以畅所欲言。"

在孩子们唰唰的写字声中,我相信他们会有自己的思考和感悟。课后,我把这些孩子们的心里话送给了数学老师,并跟数学老师认真地探讨了学生身上存在的问题,并嘱咐数学课如何协调同学和老师之间的关系,有什么问题一定要及时跟我反馈。在之后的一段时间,我会经常"坐班"数学课,随时和数学老师沟通,及时解决学生存在的问题。

通过本次的数学课风波,我深深地意识到情绪的及时排解是第一位的。再者,应及时和任课老师沟通学生存在的问题,并积极配合,既让任课老师感受到班主任对该学科的重视,又让学生清晰地感受到班主任是他们学习上的坚强后盾,一步步地解决,形成合力,从而拉近学生和任课老师的关系,进而促进学生的学习和成长。

（威海市第七中学　张春玲）

第 35 问:如何与任课老师和谐相处、通力合作?

【老班难题】

班主任与任课老师是学生教育和管理的直接组织者和实施者。班主任和任课老师的合作,对学生的全面、健康发展有着极其重要的作用。班主任和任课老师的关系直接影响到班集体的建设,关系协调才能很好地建设和管理一个班集体。那么,班主任应如何与任课老师和谐相处、通力合作呢?

【寻根究源】

一、班主任方面

1. 班主任缺乏一定的沟通技巧，与任课老师沟通时，很难产生共情和信任，导致任课老师对班主任有意见。

2. 班主任认为一个班级的发展还是要靠班主任的力量，忽略了任课老师也是班集体建设的重要力量。

3. 班主任与任课老师因角色不同、出发点不同，在教育观、学生观上会存在一定的差异。

4. 班主任教育教学任务繁重，不能与任课老师及时、频繁地沟通。

二、任课老师方面

1. 部分任课老师缺乏责任意识，只管上课下课，不善于关注学生心理变化。

2. 部分青年任课老师缺乏经验，对于教学任务应接不暇，没有精力关注学生心理和班级的整体发展。

3. 部分任课老师由于自身的性格特点，不善与人交往，很难与学生和班主任搭建沟通的桥梁。

4. 部分任课老师因太为别人着想，担心给班主任工作增添麻烦等，而缺乏沟通的主动性。

5. 部分任课老师缺乏有效的沟通方法，没有达到沟通和解决问题的目的。

【解忧锦囊】

1. 在学生面前给任课老师立威。新学期，必不可少的就是向学生们隆重介绍任课老师，突出各任课老师的优点，如教学经验丰富、专业能力强、课堂高效、年轻有活力、才华横溢、课堂幽默风趣，给学生留下美好的第一印象，让他们亲其师、信其道。

2. 班主任要积极学习一些实用的沟通技巧，与任课老师沟通时学会换位思考，取得任课老师的信任，尽量让任课老师爱上我们的班级和学生。

3. 班主任要克服一家独大的心理作祟。可以多邀请任课老师参与班级活动或者定期开展一些班导会，加强彼此之间的沟通和交流，从而更好地通力合作。

4. 善于发现任课老师的闪光点，并向学生们夸赞。向学生表达对某位老师很欣赏,如语文老师的字太优美了,如行云流水,是我们书写方面学习的榜样;数学老师思维缜密,对学生的个性评价做得极好。这些都是可以和学生们说的。多在学生面前夸任课老师的优点在某种程度上是可以改善学生上课的听课效果以及对老师尊重程度的。

5. 利用好课代表,做学科学情了解,让课代表做好学生与任课老师的沟通代表,充当好学生与任课老师关系的润滑剂,当学生与任课老师有冲突的时候,学会倾听同学,也要倾听老师。

6. 虚心听取任课老师的意见。有些任课老师非常负责任,当他们在班里看到某些现象不太好的时候,可能会跟班主任说,班主任要虚心听取意见,正确对待任课老师反映的问题并及时解决。

7. 表达学生们很喜欢上任课老师的课。如果跟任课老师一个办公室,或者有时候聊到班级情况,可以和任课老师表达学生们很喜欢上他们的课,学生们很喜欢他们。

【案例聚焦】

一个篱笆三棵桩,一个好汉五个帮

运营好一个班集体,除了班主任勤奋工作和全体学生共同努力外,任课老师的作用也是举足轻重的。特别对于毕业班,学生所学科目较多,班主任再能干,也不能把所有的功课都抓好,要想从整体上搞好班集体建设,就要主动和任课老师配合好,才能下好班集体建设这一整盘棋。

留下任课老师"大牛"的第一印象

每次接手新的班级,我都会在班级群中对任课老师进行类似的介绍:"各位家长朋友们,大家好!首先介绍一下我自己,我是咱班今年的新任班主任,任教英语学科,兼任英语组教研组长,同时隆重为大家介绍一下咱们班的任课老师——咱们的数学老师是被学生誉为'长江以北,花姐最美'的数学教坛神话张老师,语文老师是凭借美貌就让学生'一见倾心'却非要靠才华使其折服的韩老师,物理老师是物理组教研组长兼初四备课组组长、全区物理教研的'扛把子'邵老师,化学老师是孩子们眼中最亲和、最智慧、最幽默、最懂他们的信息技术处主任陶老师,政治老师是灵气多智、活力多知的名校毕业高才生郭老师,体育老师是德高望重、人称中考体育成绩'保过证'的祝老师。我们所有任课老师都在初四教学岗位上滚打摸爬多年,深知初四一年对每个孩子、每个家庭意味着什么,使命在肩,不敢懈怠。从今天开始,我们班的任课老师们将同家长们、孩子们一起共同面对紧张的初四生活,共同经历初四的酸甜苦辣。"

在各位老师还没有进班上第一节课之前,我就通过对每位老师特点的介绍,强化了学生对任课老师的第一印象。同时相对于班主任,任课老师更在意学生的评价。班主任积极肯定任课老师对于班级的贡献和对学生的关心,能够增强任课老师在学生心目中的地位,引导学生常怀感恩之心,让学生打动老师,让师生彼此信赖,努力提升任课老师在班级中的幸福感。这也间接拉近了班主任和任课老师的距离,有利于彼此的沟通合作。

妥善处理"灭火"工作

一次,一个男生和物理老师争吵起来,物理教师气得发抖,男生也一副"宁死不屈"的架势。我先是用几句话化解了一下矛盾,然后把这位男生请出教室。在与男生的交谈中,我先表达了理解男生的情绪,然后设身处地地分析了物理老师发火的原因。这位学生认识到了自己的错误,向物理老师做了检讨,物理老师也谈了自己有些性急的毛病,矛盾得到了解决。从此以后,这门课上再没发生学生不服从管理的问题。

主动听取任课老师的"告状"

我会采取多种渠道了解各个学科的学习情况,比如向课代表了解、向其他班干部了解。当然,最主要的是向任课老师了解。

有的任课老师担心自己把班上的问题向班主任讲会起某些副作用,因此,一般不愿意向班主任"告状"。这样,有些问题任课老师能解决,但有些问题由于没有和班主任联系,也许会影响班级整体或某些同学的学习。有的任课老师则与此相反,他们有点小事就喜欢向班主任"告状",使得学生认为任课老师有意和他们作对,上课更是纪律问题不断,也会影响班上的学习。对于这两种情况,我会针对具体原因采取不同的办法。对什么都不爱向我反映的任课老师,要主动多和他们联系,取得他们的支持,并注意处理问题的方式方法,不给任课老师工作造成困难。对于大事小事都往班主任身上推的任课老师,我会积极给他们创造机会,共同处理和解决学生课上出现的问题,并逐渐加强任课老师处理问题的比例,稍稍"退一步",便于任课老师的管理。

此外,我还会和同学们一起关心任课老师,如上课前,有专人协助老师做好准备工作,为嗓子不好的老师在讲台上准备一杯热水,为年纪大的老师备一把椅子,都会加深任课老师与本班学生之间的感情。

(威海市城里中学　姜玉彦)

第 36 问:如何通过座位调整有效激励学生?

【老班难题】

安排座位时,采用班主任一人独断的模式,简单之余略带有些粗暴。但如果让学生自主选择,后进生难免因为班级考核积分不高而丧失选择权,而积分靠前的学生始终也就那几个,所以座位调整的"悬念"也不大。那么,如何在座位调整上,与学生有效沟通,从而激励不同层次的学生?

【寻根究源】

一、选座机制激励性不高

如果单纯以班级考核分数或考试成绩分数的高低来选座位,那么中游生特别是后进生的积极性会大受打击。

二、选座机制自主性不强

如果规则都是由班主任制定,那么学生自然也会认为,即便是所谓的"自主选择",事实上也是被动安排,积极性也会受影响。

三、座位调整变化性不大

如果每次座位只是微调,长久下来学生自然会丧失新鲜感,从而失去激励的效果。

【解忧锦囊】

一、小组合作式

按照学习、性格、特长等情况，全班分成 4 人一小组。每个小组保证有 2 名带头学生，如班干部、课代表或平日表现比较积极的学生，设 1 名学习组长和 1 名生活副组长。这样充分激发学生各方面的特点，让其他学生也有责任担当和集体荣誉感，对落后的学生起到引领帮带的作用。分组之后，再让小组长之间相互定下竞争对手（按小组来分）。等到阶段考试、期中考试或班级各种活动后，根据竞争结果给予一定的奖励。积分靠前的小组有集体优先选择座位的机会。

二、分层排列式

结合平时的纪律、卫生、学习习惯、成绩等方面的表现，将全班学生分成 A、B、C、D、E、F 六组，其中 A 组为学习习惯较好且成绩暂时领先组，F 组为学习习惯较差且成绩暂时落后组。班级座位第一列为 F 组，第二列为 A 组，第三列为 C 组，第四列为 D 组，第五列为 B 组，第六列为 E 组。这样可以保证 C、D 两组和 E、F 两组学生旁边都有 A、B 组学生作为学习榜样。同时，C、D 组学生作为班级中等生，是教师容易忽视的群体，坐在教室的中间，不但可以寻求 A、B 组同学的帮助，也可以得到教师更多的关注。在每次月考、期中考试和期末考试后，再重新分组，鞭策学习退步的学生，鼓励学习进步的学生。

三、自由组合式

6 人一组，学生自愿竞选组长，全班投票决定最终组长人选。组长和组员进行双向选择，保证每组性别比要均衡。分组完成后，组长负责协调小组所有事务，每个组长可以指定其他事务负责人，组长抽签决定组别后落座。刚开始组长可以抓阄或根据成绩定好自己组的位置，组内座位自行协调。两周组内调整一次，保证和上一次的座位不一样。小组座位实施竞争制，根据小组积分排名先后优先选择座位。班主任可以根据纪律情况和组长协商微调。

【案例聚焦】

学生座位"自治"记

我虽从教多年，但是新接手初一，我还是心怀忐忑，不断向各位班主任取经。其中很重要的一点就是，怎么给学生们排座位！

有好几位班主任告诉我说，就让男女生在走廊上按高矮个排两队，再依次进班级按顺序就座即可。想来想去，也确实比那些抽签随机坐的办法好操作很多，所以我也照办了。不过当我在教室里说出我的想法后，也自然地跟了一句："这只是老师目前的想法，大家有什么意见都可以提。"结果学生们异口同声地说，不想要再坐单人单桌了，想要有个同桌。我觉得未尝不可，接着补充道："那我们就把原来的六列合并成三列，同桌的话就按照身高，一列男生一列女生，男女生坐同桌？"大家愉快地决定了，然后排队、落座。之后我又问有没有对现在的位置不满意的同学，只有一个女生说坐在第四排看不太清，并且也有另一个女生愿意换座位，至此一切完美。

第二个周，我们进行了左右大排的轮换，以及相邻两行的内部轮换。到了第三个周，大家逐渐磨合到位，班级考核也累积了两周，我觉得可以重新更换一下小组了。这件事远比我想象的复杂，但却有趣。

我先是在班长统计的积分的基础上，选出前九名当组长，然后其余同学 S 型分布，想由九名组长按照积分高低依次选择自己的组员。我想，这样他们应该会很乐意吧。殊不知，我把九名组长叫到办公室，大家却一片"哀号"：这个不愿意当组长，那个想和另一个组长在一个组，还有的说我给他们搭配好的组员他们都不喜欢……我就问道："大家不喜欢老师的安排也没问题，那怎么样比较好？"看着他们九个组长七嘴八舌也没得出个结论，我干脆大胆放权，对班长说："你来汇总大家的意见，拿出方案，投票表决定好之后，先过我这关，再在班会上全班投票。都同意的话立马办！"

当时已经是上午的大课间了，班长问我什么时候要结果，我怕赶不上当天下午第四节的班会课，就说这周不行，只能等下周班会了。结果没想到，中午班长就来了，他给了我三个图，说他们九个一致喜欢第一个排法。我一看，三人同桌。他们的方案是，先按照积分顺序依次选座，这样班级自然形成两大排，由各自积分最高的同学成为大组长，再由大组长聘小组长。至于具体座位的微调，小组长、大组长和老师一起看，没问题就定板。我想了想，觉得也靠谱。班会课上，班长阐述方案，接受全班质询。在解答完大家的疑问后，全班投票表决，之后就真的这样推行了。

渐渐地，开学已经一个月、两个月……接下来的座位调整，为了常变常新，我继续发挥班长和小组长的作用,群策群力,也加入了"考试成绩折算法""积分进步优先法"等准则,大家自选座位与前后左右的位置轮换双轨并行。

其实,没有哪一种办法可以一劳永逸,真正的好办法都是因时而动、因事而异的。座位调整,可以密切师生之间、学生之间的交流,更可以提升学生的议事能力和积极性,何乐而不为呢?

(青岛滨海学校　周璐)

第 37 问:面对学生不尊重老师的现象,
班主任该怎么办?

【老班难题】

教师的工作难做,有时会遇到有些学生对老师很不尊敬的情况,轻者当堂顶撞、背后谩骂,重者威胁教师甚至危及教师的人身安全。那么,遇到学生不尊重老师的情况,我们班主任该怎么办呢?

【寻根究源】

一、学生方面

少数学生以自我为中心,也可能是正于叛逆期,对许多的事情都要和老师和家长对着干,于是造成了一种"不尊重"的现象。

二、教师方面

教师本身对待工作不负责、教学随意、教学方法落后等,使其缺乏应有的教学魅力和人格魅力,因此很难赢得学生的尊重。

三、家庭方面

有些家长对教师可能有一些不满或者意见,而不注意处理的方式,总是在孩子的面前说老师的不是,久而久之,这样的家庭教育就影响了学生对老师的态度。

四、社会方面

现在社会对教师提出了很高的要求，教师一不小心就被投诉、被曝光，于是，教师有时候是谨小慎微的。学生也好像抓住了这点，对教师的敬畏心大不如以前，以至于影响到了最起码的尊重。

【解忧锦囊】

一、事件发生时，宜冷不宜热

当"不尊重"事件发生时，班主任必须考虑到冲动所带来的后果，要以理智战胜感情，冷静处理。

二、事件发生后，宜静不宜动

在"不尊重"事件发生后，大多数学生的心理会很敏感、很脆弱。如果此时班主任找家长去刺激他，很容易产生更坏的结果。

三、处理"不尊重"事件，宜深不宜浅

学生很清楚应尊敬师长，这是中华民族几千年的优良传统。因此，一般情况下，只要发生学生对班主任的"不尊重"事件，其背后必有隐情。我们在处理"不尊重"事件时，应深入调查、了解，决不能敷衍了事。

四、处理"不尊重"事件的尺度上，宜宽不宜严

宽容策略的提出，不是放松了对学生的要求，而是必须更加严格；不是降低了班主任的工作要求，而是提高了要求和标准。我们的所作所为无不以教育为目的。

【案例聚焦】

第一次被学生发朋友圈"骂"

有一天，我邻班的课代表偷偷地告诉我，说我们班的一位女同学微信发朋友圈"骂"我。我有点儿蒙，刚刚这位女同学还和我共撑一把伞，有说有笑地到食堂就餐……这也太让人无法接受了，更何况这个女生平时大大咧咧，最会在老师面前各种"搞怪""卖萌"，实在难以想象她发朋友圈骂老师，真有点儿接受不了！

于是，我稳了稳心神，装作吃惊的样子，故作生气地说："是吗？她都骂什么了？今晚回家把截图发给我，生平第一次被学生在微信朋友圈骂，我一定要好

好地看一看都骂我什么了。我要认真地调查一下,到底是什么原因让她骂我?"因为我知道,这些话不用多久,一定会传到这个女孩子的耳朵里,也会引起其他同学的注意。

晚放学时,女孩来找我请假,不参加课后服务,当晚负责课后服务的英语老师随口问了一句:"为什么不参加?因为要上美术课吗?"我调侃道:"不是,小童(女孩的名字)需要好好梳理一下自己的情绪,调整一下自己的状态。"英语老师笑着说:"小童?不至于吧!咱们小童是一个多么心大的孩子呀!"我笑着说:"是呀!这么一个心大的孩子,竟发朋友圈骂我。"当时,女孩的脸色就不好了,很尴尬。尤其是英语老师惊讶道:"你这样一位妈妈级的班主任,还有人骂你!"我故作伤心地说:"是呀!我也没有想到。"女孩红着脸要解释什么,但欲言又止,转而问我:"老师,你是怎么知道的?"我笑着说:"小童呀,微信朋友圈属于公共场合,它本身就是公开的社交平台,很多人会看到,也会有很多人跟我说。"英语老师略带责备的语气说:"只要能分清好赖的人,都会为老师鸣不平。"女孩红着脸,不好意思地走了。

晚上,我接到了这个女孩妈妈的电话,询问我孩子最近在学校表现怎么样?我说挺好的,没有什么特别的。女孩妈妈跟我说:"女孩儿最近情绪不太对,总是不愿意上补习班,今晚课后服务也请假。平时很开朗的一个孩子,最近不知道怎么了,一句玩笑话也不让说。"我笑着对女孩妈妈说:"可能快要期末考试了,孩子压力比较大,也比较敏感,给孩子一点儿时间和空间,让她调整一下。"我接着又问:"你知道孩子在微信朋友圈骂我的事吗?"女孩的妈妈很是吃惊,不断地跟我道歉,我说:"小童妈妈,没事儿的,我了解小童是一个什么样的孩子,我知道她不是有心的,这之间一定有误会,明天我会和孩子一起处理这件事情,今晚你也跟孩子聊一聊,如果她不愿意说的话,也不要强逼。但需要你跟孩子说一说,如果和老师产生矛盾或误会时,应该怎样正确地处理。毕竟朋友圈属于社交平台,产生不良的影响,会给孩子带来很大的伤害,对大家都不好。"

第二天,女孩找到我,跟我说:"老师,对不起!我误会您了。"我笑着说:"你怎么误会我了?我做了什么让你误会了?我不是批评你,我只是想知道自己存在的问题,以后我尽量避免,也避免让其他同学误会我。我实在不想再经历这样的事情,看到你朋友圈里的言论(玲妈,我恨你,我喜欢2班的王××有错吗?

你在食堂如此大声地嘲笑我),我真的很伤心。你们是我工作的全部,每天踏进校园,我满心满眼都是你们,时时刻刻希望你们可以变得更好。更何况,那天食堂的情况是怎样的,你清楚吗?"女孩哭着说:"老师,您别伤心,是我错了。不是您说的我喜欢王××,您也没有嘲笑我,是您制止了同学们谈论我喜欢王××的事情。"我认真地望着女孩说:"你知道你错在哪里吗?"女孩说了一堆,无怪乎就是不尊重老师,不应该喜欢男生……我郑重地跟她说:"你不懂得老师对你的用心,不尊重老师确实错了。但我更伤心的是你不懂得保护自己。小童,喜欢一个人没有错,也不丢人。但把这件事情发到朋友圈就错了,弄得人人都可能知道就错了。老师的用心总有同学会明白,甚至是大多数同学都明白,但你的事情现在会成为你们同龄人的谈资,这对你真的好吗?"女孩儿听了我的话,哭出声来,对我说:"老师,我明白您的苦心了,我会改的。"我接着又问:"接下来,你想怎么做?"她说:"发朋友圈道歉。"我说:"在你的朋友圈只需发一句:'老师我知道了,喜欢一个人没有错,也不丢人,但我现在需要好好学习,迎接中考!我会加油的!'我更要看你的实际行动,加油吧!"

聊天后,女孩恢复了大大咧咧的样子,跟我尤为亲近,我还发现我们班的女生也越来越喜欢跟我聊天了。

(威海市第七中学　张春玲)

第 38 问:遇到残疾学生,班主任该怎么办?

【老班难题】

班主任就像园丁,每一个学期都会接手一批新的花儿,每一朵花儿都有他们的个性和独特的魅力。但是如果有一朵花儿先天缺陷,作为园丁的班主任,应该如何培育呢?

【寻根究源】

一、学生方面

残疾学生往往内心敏感,对周围缺乏安全感,其他同学可能不愿意和残疾学生一起玩耍。

二、教师方面

1. 班主任缺乏一定的共情能力,不能换位思考和了解学生因为残疾承受的心理压力,所以没有办法进行有效的沟通和对话,导致整体的教育效果不理想。

2. 班主任缺乏一定的心理学理论和沟通技巧,导致在与家长和学生沟通时,不经意间刺痛孩子幼小、脆弱的心灵。

三、家长方面

1. 家长由于生活的压力和负担,对于孩子的残疾自身还没有完全消化,所以导致家长在与孩子沟通交流的过程中不断灌输的负面思想和情绪会干扰孩子。

2. 家长不具备专业的心理学知识,但是又爱子情深,担心教师不能对自己的孩子一视同仁。

【解忧锦囊】

一、学生方面

在班级管理中,班主任要经常利用赞美之词、热烈掌声等方式,让学生感受来自老师和同学的认可。班主任可以根据残疾学生的特点让其承担一定的班级工作,细心观察,认真记录他们的行为,及时赏识他们的进步,促进他们的发展。

残疾学生受自身缺陷的影响,有时会有不良的行为表现,班主任在纠正他们的不良行为时要因人而异,可以利用注意力转移法、冷处理法、疏导法、榜样引导法、目标激励法等多种方法,并且要有极大的耐心。

二、教师方面

1. 班主任要积极学习一些专业的、实用的沟通技巧,与残疾学生沟通时学会换位思考,一步步引导学生爱上班级、爱上同学。

2. 班主任要有共情的能力,充分理解残疾学生家长的种种不易,多与家长沟通和交流,让家长充分信任我们,然后再和家长一起帮助孩子树立自信、克服自卑。

三、家庭方面

班主任在学期初就要向残疾学生的父母了解孩子的身体、心理、学习能力等具体情况,必要时对孩子进行照顾;让家长正视孩子现状,树立恰当的目标,重视孩子的身心健康发展以适应未来社会;及时让家长了解孩子在校生活和学习情况、各方面取得的进步和不足,给予科学的家教指导。

【案例聚焦】

用爱打开残疾学生心灵之窗

每一位学生都是一株需要我们精心呵护的小花朵,有的好像玫瑰娇贵婀娜,有的如百合沁人心脾,有的似野雏菊阳光开朗,也有的如悬崖边绝处逢生的小野花,散发着旺盛的生命力,在我遇到的花儿中就有这样的一位女孩子。

她热情、开朗,长得白皙高挑,每次遇见老师都会热情积极地打招呼,每次的作业工工整整,每次的值日完成干干净净。但是她这朵花却少了一个花瓣。

女孩叫小洁,是一个"被上帝亲吻过的孩子"。她从出生开始就与众不同。她是一个拥有残疾证书的漂亮小姑娘,她的左手只有两个不完整的手指。平时的生活和学习中,她除了依靠右手,也需要偶尔依赖不能有效发挥作用的左手。

我的内心对小洁有很强烈的同情心,所有总想在一些力所能及的事情上帮助她。但一想到她的妈妈在开学给我打过的电话,我就犹豫了。还没开学的时候,孩子妈妈就给我打来了电话:"张老师,您好。我是小洁的妈妈,很荣幸新学期您是孩子的班主任,听说您非常有能力,把孩子交到您的手里我们十分感恩和放心。不过我有一些事情需要和您提前沟通一下。就是小洁这个孩子虽然表面上看起来很自信,但是由于她左手不健全,其实特别自卑。所以生活和学习上她要求进步,事事都尽量做到完美。我们也不知道这样到底是好还是不好,但还是拜托您能多照顾她一点,千万别刺激或者是伤害到孩子的自尊心。"我明白新的学期我迎来了一个挑战,也明白我的身上又多了一份沉甸甸的重托。

然而,小洁似乎不想给我额外关照她的机会。开学将近半年的时间了,小洁就跟普通学生一样,普通正常到我差点忘记了她是一名残疾学生。很多班级事务她都会积极主动地参加。很多需要用到电脑的活动，妈妈都悄悄告诉我，孩子在家里"一指禅"也要拼尽全力完成，哪怕整到半夜一点多。孩子说她就想和正常孩子一样，不希望被差别对待。所以我对这个孩子除了心疼还是心疼。我也很想告诉孩子，我们不必事事完美，有的时候可以选择放弃，也可以选择求助他人。

终于在拓展的时候，我寻到了一个合适的机会。拓展需要离开家一个星期，跟同学们一起吃住。在进行宿舍分配时，我特意安排了班级中很热心肠的同学和小洁一起住，这样在整理被褥之类的时候，可以稍微关照一下小洁。小洁也如同之前一般要强，啥事都要自己完成，能不麻烦同学的事绝对不麻烦。

时间很快来到了最后一天的上午，班级全员要进行逃生墙的演练。这时拓展基地的教官要求班主任一定要把身体有伤或者是残疾的孩子排除出去，不让他们参与这项有困难的挑战。小洁在第一时间就告诉我她可以。我心里知道这对她来说很有难度，因为四肢健全的孩子，还要借助别人的力量才可以上去。我用手机和她妈妈沟通之后，在她妈妈的支持下，我默许了孩子的参加。

活动开始后，小洁一直在后面，最后只剩下她一个人了，所有的同学都在给她加油，但是由于先天因素，她只能右手使劲，所以她连最基本的工作都完不成。班级里一些女生不舍得她，让她放弃，她一直在尝试，尝试了很多次之后眼泪突然出来了。我知道这个时候的小洁很无助，也很容易心理受伤。所以我默默地挪到她左胳膊的位置，悄悄地扶住她，然后在她耳边小声地说："能让我辅助你一下吗？"孩子先是愣了一会儿，紧接着泪水止不住地流，左胳膊在努力地让我帮助她。班级里的男孩子看到小洁这样了还不放弃，他们也不管不顾地从两米多高的地方倒挂金钩，让小洁可以更加省力地握住上方同学的手腕。然后我和两名充当墩子的男孩子，努力地撑住小洁。一个男孩子为了小洁能上去，直接让小洁踩到了他的头上，小洁一边哭一边往上爬，最后小洁爬上去了……

她一直在哭，班级的女孩子也都哭了，为了小洁的坚强，也为了这么团结的班级。我们班的男孩子虽然没哭，但是看着他们一个个从未有过的坚毅的表情，我知道这次拓展不仅给小洁带来了巨大的改变，我们班孩子在小洁的身上也学习到很珍贵的品质。

周末的时候，我按照原定计划，在钉钉上收取孩子们的拓展心得。小洁是第一个发给我的,在她的文章里有那么一段话:"我很感谢这次拓展活动,最后的逃生墙游戏中,我刚开始觉得很无助,我只有右手可以使劲,但是我怎么也抓不住上方同学的手,我就像个皮偶一样悬在半空,上不去也下不来。我当时多么希望我的左手是健全的,又很怕其他同学用同情的眼光看我。没想到,我们班的同学一直给我加油,听说给我当墩子的同学肩膀都被我踩肿了。他们给我的帮助让我顺利通过了游戏,我很开心。我也知道,原来我也不需要啥事都靠自己,有的时候团队的力量也很温暖,也很珍贵。"

看到这一段话的时候,我确定小洁的自卑心理在一定程度上得到了疗愈,这样的小洁也让我很感动。身残志坚的她一直都把自己当作正常人,不允许自己有做不到的时候,其实那是一种病态的心理映照。现在她能够正视自己的缺陷,寻求他人的帮助,这说明她真的好好地成长了。

(威海市第七中学　张颖)

第 39 问:学生投诉老师,班主任该怎么办?

【老班难题】

班主任除了教学、带班,还有一个重要的任务——协调学生和任课老师之间的关系。当任课老师被自己班级的学生投诉时,一名优秀的班主任也要化身一名优秀的"救火员",既要管理好班级,调节好任课老师情绪,还要应急处理好各种关系,这对班主任是一个很大的挑战,需要具备相关技巧。

【寻根究源】

一、学生方面

学生处于叛逆期,喜欢挑战教师权威;学科知识学习遇到困难,排斥本学科学习,连带排斥任课老师;受社会环境的影响,认为只要不满意就可以随意投诉；恶意宣泄，与老师有矛盾时通过投诉老师进行报复。

二、教师方面

教师批评学生时不在意学生的感受；给学生施压过大，拖堂、布置作业多；控制欲太强，喜欢摆教师权威；教育教学水平低，不能够激发学生的学习兴趣。

三、家庭方面

家长在学生面前数落老师，降低老师在孩子心目中的威望；对孩子在师生关系处理方面缺乏正确的引导，使孩子无法获得合理的处理方式。

【解忧锦囊】

一、了解详情，冷却情绪

首先向班级里其他同学了解事情经过，对事情的经过、矛盾的原因、双方的态度等先建立较为客观、全面的了解。然后和学生当事人沟通，询问当时发生的事情，了解其想法、投诉之后想达到的目的是什么，跟学生一起分析投诉是不是合适的方式。此时我们需要注意的是，班主任在师生沟通过程中需要和学生共情，但这并不意味着我们失去了自己的立场，完全和学生站在一边，而是了解学生诉求，协商接下来的处理方法，并达成共识。

二、当好"和事佬"，协调共进

班主任主动与任课老师沟通，耐心倾听老师的内心想法。询问任课老师问题的原因，是否需要班主任协助课堂管理，是否需要共同探讨更高效的教学形式等。班主任随班听课一段时间，掌握事态发展动向，适时缓解师生矛盾，引导双方行为改进。

三、主动参与，实施补救

召开班委会，具体了解学生与老师之间的矛盾点，指导班长组织一个活动：班委会代表班级感谢老师不计回报、不辞辛苦地为同学们的付出，并对班级部分学生的行为进行道歉，呈交集体道歉信，同时委婉地表达同学们的合理需求和适当建议，请老师参考。

四、加深情感，感恩释嫌

班主任可以多方搭建平台，促进师生的了解，加深师生的情感。比如召开主题班会，给学生一个表达的窗口，评选出"十大最不受欢迎的教师行为"和

"十大最受欢迎的教师行为",引导学生指向行为,不指向个人。引导学生思考:如果遇到了不受欢迎的教师行为,该怎么做,才能既不伤害师生情,又能解决问题?之后引导学生思考部分不受欢迎的教师行为背后的善意出发点,增进师生之间的理解,树立共同为班级发展出谋划策的意识。会后将班会结果与所有任课老师共享。再比如,安排该学生做老师的助手,相信对一个老师的了解越多,不满与怨恨也会越少。

【案例聚焦】

燕子老师"变形记"

刚开学不久,我就听到学生课间总是"燕子""燕子"叫着一个人的名字,一开始我还以为是在叫某个学生,后来才知道是我们班的英语老师。

英语老师的教学成绩一直很好,是跟着这一级学生从初三上来的,学生们对她已经很熟悉了。开学没多久,我也大致了解了英语老师的教学风格:教学经验丰富,时间抓得很严,课堂知识落实到位。但是对于学生来说,英语老师身上有很多他们吐槽的点:作业量较多,不讲"情面",要求特别严格。虽然开学没多久,但是我已经好几次听到学生向我反映这个问题。

学生对任课老师会有这样那样的不满,这是我之前就知晓的。学生现在"投诉"的主要是英语老师,是因为他们和英语老师足够熟悉。时间长了,他们一定会对其他任课老师同样存在着不满,这种风气在班里蔓延开了,他们的学习效果一定会大打折扣。于是,我开始着手解决这些问题。

选择契机,隆重介绍教师"天团"

开学后不久就是教师节,那一天,我提前让学生将教室布置得温馨雅致,让班长带领班级同学在课前向老师们送祝福语。在教师节的和谐氛围中,我召开了主题班会"我们班的教师天团",隆重地向学生介绍每一位任课老师。当学生知道他们口中的"燕子"老师,多年任教毕业班,是师德标兵、教学能手的时候,都露出了极其惊讶的表情。我还给他们讲了一个英语老师之前带毕业班兢兢业业的故事,学生听了之后都默不作声。

以身示范,抬高任课老师的地位

英语老师常常会利用中午的时间让学生订正抽写或者整理笔记,所以占用中午自习时间,也成了学生吐槽英语老师的一个点。我先是和学生说明,英语老师是怕大家回家整理笔记经常用手机,所以才要求大家挤出自习时间来整理,良苦用心。接着,每当英语老师自习进教室时,我都会辅助她登录课件,提醒学生坐好,用这种方式让学生感受到班主任对英语老师的尊重和对英语老师工作的支持,在潜移默化中抬高了英语老师的地位。时间久了,学生也就自觉配合老师的工作了。

用事实说话,让学生看到自己的进步

开学的几次检测过后,我让每位学生将自己的英语成绩列出,对比自己成绩的进退情况,并且告知学生班级成绩一直在级部里遥遥领先,让学生交流成绩稳定进步的原因。学生大都提到了英语老师对他们的严格要求。我也适时对学生进行了情感引导,引导他们感谢英语老师对自己的付出,以后在英语学习上要更加积极主动,配合好老师的教学工作,使班级在良性的学习氛围中更好地进步。

回顾整个处理过程,我没有在问题出现时就立马解决,而是用了近一个月的时间。通过潜移默化的引导和情感输入,使学生慢慢懂得了英语老师对他们的要求和期望,英语老师也成了他们爱戴的老师。过程虽慢,但是效果却很持久。

(威海市第七中学 徐妮妮)

第40问:针对不同气质类型的学生,
班主任如何有效表扬?

【老班难题】

表扬、鼓励和肯定是班主任常用的教育手段,但不难发现,同样的表扬话语

发生在不同的孩子身上会起到不同的作用。早在两千多年前,孔子曰:"因材施教,循循善诱。"针对不同气质类型的孩子,班主任要如何有效表扬呢?

【寻根究源】

一、学生方面

1. 现在的学生从小在"蜜罐"里长大,听腻了表扬的话语,老师泛泛的、没有针对性的表扬对学生没有太大的影响和作用。

2. 个别学生由于性格、原生家庭等影响,心理或多或少存在一定问题,对于老师的表扬有时曲解或反向理解。

二、教师方面

1. 有的老师本着没有最好只有更好、批评使人进步等传统思想观念,对学生的批评大于表扬。

2. 很多班主任缺乏学习意识,外加忙于日常琐事,缺乏心理学知识,不懂学生心理,不能根据学生不同的性格特点和气质类型来进行有效表扬。

【解忧锦囊】

一、学校方面

1. 学校的职能是教书育人。学校管理时不能过分盯着考试成绩,而是要时刻注意培养大写的人。

2. 世界唯一不变的就是变化。教育是培养人的工作,更应该与时俱进,根据学情不断调整教育教学方式。有针对性的表扬更能激励学生们向上、向善。所以学校教育的氛围应该是尊重学生个性、顺遂生命、激扬生命。学校和老师应该成为学生生命的"点灯师"。

二、教师方面

1. 最好的成长方式就是栽培自己,教师无论再怎么忙,都应该抽点时间读书、学习,尤其是心理学等知识。教师应该全方位了解每个学生的性格特点和气质类型,找到每个学生的"引爆点",努力成为他们生命的"引爆师"。

2. 教师通过心理沙龙、心理健康课等多种形式帮助学生不断增强心理素质,成为内心安定、心理阳光的人。

三、家庭方面

家庭教育在孩子的成长过程中起着不可估量的作用。家长不能只盯着学习成绩，而要善于培养孩子强大的内心，让孩子对于别人的表扬要坦然接受，戒骄戒躁，努力做到宠辱不惊。

【案例聚焦】

尊重甄别气质类型，给孩子最适合的教育

我国早在古代就已经有了因材施教的教育思想。孔子对自己的学生非常了解，他能够准确说出学生的性格特点和智力水平，并且针对学生不同的特点，用不同的方法进行教育。古希腊医生希波克拉底提出了气质学说——将人的气质分为多血质、胆汁质、黏液质和抑郁质四种类型。

每个班级都是一座五彩缤纷的百花园，每一个孩子都是独一无二的存在，不同气质类型的孩子各具特色，教师若使用相同的方法进行教育，不仅走不到孩子心中，更收不到任何教育效果。所以，教师应具有甄别不用气质类型的能力，根据不同的气质，给孩子最适合的教育。

用耐心等待多血质的自我省悟

我们班的体委小博是个性格开朗的男孩，不仅个头比其他孩子高了一大截，而且精力旺盛，兴趣爱好广泛，多才多艺。课堂上有他积极回答问题的声音，作业本上有他工工整整的正楷，区运动会上有他夺得投掷金牌的身影，学习强国上有他声情并茂的朗诵，学习成绩在班级也是名列前茅。超强的交际能力让他在初一刚开学不久，就赢得了班级大部分孩子的信任，也赢得了任课老师的好感。小博是典型的多血质，可谓集万千宠爱于一身。

在学校开设的丰富多彩的校本课程中，小博选择了排球。有一天校本课时间已过，课后服务正有条不紊地进行，可是怎么也找不到小博。"这孩子一定是跟着排球特长生训练，玩得忘了时间。"这不禁让我想起周末的那场排球赛。小博作为初一年级的替补队员观赛，下午1点多，我接到了小博妈妈的电话："说好12点钟能回家的，可是直到现在也没见到人。老师，孩子还在学校吗？"我听出了小博妈妈的担心和着急。我急忙联系了排球教练，教练表示孩子们吃完

午饭11点多就回家了。只有5分钟的路,为什么这么久还没到家呢?后来,教练在球馆又发现了小博,原来他没有听从教练的指挥,继续观赛。旧错没改又犯新错,我心中顿时升腾出一股怒火,冷着脸,在教室门口站着等小博回来。

当小博出现在走廊上时,课后服务已经开始了一刻钟。看到我面无表情地堵住教室门,从来没受过批评的小博自觉丢了面子,想想教室里的同学都已经知道自己犯错了,有点下不来台。"错了吗?"我冷淡地问了一句。嘴上说着"错了",可是他的语调和神情明明是在告诉我他不服气,不想承认。"等你真心认识到自己的错误再进教室,顺便想想周末的事。"小博没有说话,我知道对于多血质的小博来说,轻率、疏忽大意、散漫、对自己的能力评价过高是他会遇到的气质"麻烦",如此场合下,疾风骤雨的批评根本不起作用。我和小博就这么在教室门口静默着。

十多分钟的时间里,我们没有说一句话。突然,我的手机响起。"我班里还有点事情没有处理完,今晚就不坐班车了,我处理完了打车回家吧,于老师,您让司机师傅发车吧,别等我了。"不一会,另一位同事又打来电话询问。两个月的相处,班级孩子知道我家住得远,上下班需要赶班车,所以晚点时都能迅速排好队离校。"老师,您快走吧,我听到老师说能等您几分钟,不要浪费时间了。"小博有些心软了。"我不觉得跟你谈话是在浪费时间。"听了我的话,小博眼圈红红的,头也低下了。"老师,我知道自己错了。周末回家晚了,害得我妈着急,而且小登也是在我的怂恿下才留下来观赛的。今天,是我没玩够,我觉得您今天不值班可能不在学校,就想钻个空子……""那应该怎么做呢?"我心平气和地说。"我以后注意时间,遵守规则。无论您在不在,都当同学们的表率。""君子一言,驷马难追。""嗯!"小博使劲点了点头。

小博的万丈光芒之下,隐藏着尖锐的锋芒和棱角,帮助小博克服疏忽大意、散漫的缺点,才能让小博在今后的人生道路上更加平顺,惜才爱才,更要为之计长远。

用反复提醒克服胆汁质的急躁冲动

小丞心直口快,直率热情,心情的阴晴圆缺总是毫无保留地挂在脸上。他是班级的小组长,是小组的核心,可是缺乏自制、急躁、易激动的特点总在不经意间悄悄显露出来，给小组管理带来一定的困扰。

"老师，小丞总是往暖气片中间塞纸团。今天德育处老师虽然没给我们扣分，但是我都发现好几次了。""老师我没塞，我又拿出来了……""那如果别人伤害了你，说句对不起，就能等于没有伤害过吗？"小丞哑口无言。

"老师，小丞把门把手拽掉了！"我开完会急匆匆回来，还没走进教室，就听见学生围在教室后门一阵嚷嚷。"这是跟门把手多大的仇啊？这都能拽掉呢！"听到我半开玩笑，小丞不好意思地摸着后脑勺嘿嘿笑着。"怎么回事？""老师，下自习课我和小宇玩，他把门关上了，我使劲开门，没想到一拽就掉下来了……老师，我爸爸会电焊，我可以让我爸来修，您就别给我们组扣分啦。"放学后，我果然接到了小丞妈妈打来的电话，看样子小丞回家后已经把事情经过一五一十地告诉了妈妈。后来，我联系总务处老师帮忙将门把手换好，并且告诉小丞："你可是欠着我一份人情哦！""老师，我记着呢。"把这个直率坦诚的孩子当成大人，相信胆汁质的他会带着李逵、张飞一样的义气，努力克制自己。

"下节课同学们自习，会有老师来督促大家。等我回来的时候，可不希望听到诸如'门把手被拽掉了'之类的'好消息'。"孩子们哄堂大笑，心照不宣地把目光投向小丞。小丞先是不好意思地捂着脸，接着送上一句"放心吧，老师"。我将遵守纪律的要求和期许放置在轻松愉快的氛围中，用这样开玩笑的方式提醒容易冲动的胆汁质孩子。

练习册中有一道文言文阅读题，选的是《项羽本纪》中的片段，我为学生补充了项羽《垓下歌》的诗句和故事，又用一句"古有项羽力大拔山，今有小丞豪气拽门"总结，又一次为小丞吸引了全班同学的目光，学生们一阵大笑。我与学生共同分析项羽悲剧的原因，学生将目光关注到文中项羽"学书不成，去；学剑，又不成……略知其意，不肯竟学"，总结出缺乏自制、急躁、没有耐心是项羽悲剧的自身性格原因。我借势提醒孩子们："我们常说性格决定命运，可见性格是行为背后的那只强有力的大手，它推动着我们做出每一个决定。我们每个同学都有不同的性格侧面，有的同学外向热情但缺乏自制，有的同学细腻温婉但可能冷漠寡言。性格一旦形成很难改变，而同学们正处于性格塑造的最佳时期，发挥性格的优势，力避性格的弱点是我们努力的方向。"学生们若有所思地点点头，小丞听得很入神。

在我的反复提醒下，虽然小丞偶尔还有控制不住自己的时候，但是再也没有犯过大错。

用"看见"洞察黏液质的热心付出

小哲是班级的劳动委员。疫情防控期间，我们将劳动搬到了家中，鼓励孩子们积极参加家务劳动，静享与家人相处的时光，每天用照片或视频进行劳动打卡。小哲负责统计打卡情况，每日晨会进行总结点评。其他班级干部临时总结经常有来不及的情况，而小哲将每个同学的劳动表现建表统计，把每个孩子每天打卡的内容都做了清晰的记录，点评时细致认真、一丝不苟。不仅如此，小哲以身作则，不断更新打卡内容，洗碗、扫地、叠被子、擦桌子这些常规内容都做了一遍后，小哲又开启了给妈妈变魔术、陪爸爸下象棋、涂松塔、做手工等花样。

想想在校时小哲也是这样，他安静、稳重，每天早晨早早地来到学校，收拾好个人物品就打开多媒体设备方便老师上课。每天晚上他都是最后一个离开教室的，确保门窗关好，将灯、多媒体断电。沉默寡言、不尚空谈的小哲属于黏液质孩子，他埋头苦干，默默付出着，而"看见"他的付出才是对他的尊重。我让小哲将统计表发到群中，让班干部们学习，又邀请小哲做了一场班级管理的经验交流。在"看见"的力量下，小哲继续着他的坚毅和勤勉。

用小心翼翼呵护抑郁质敏感的神经

小书是去年我教的另外一个班的语文课代表。我虽然不是她的班主任，但是从她敏感的文字中，我能明显读出作为一名边缘生，面对中考她那如山的压力。她的习作后面总有我用红笔批阅的一长串文字，或安慰，或鼓励。小书就在我的留言后继续回复，我们的交流就在这些一来一回的文字中流淌着。

中考前两周，周一早晨我去上课，小书的座位空着，班主任说小书请了两天假，我的心里咯噔一下。两天过去了，小书还是没来。根据班主任的反馈，小书的爸妈劝不动孩子，小书也拒绝和班主任沟通，在家中郁郁寡欢，不哭也不笑。我试着拨通了小书的电话，一声"喂"之后，便是久久的沉默。"我知道你在听，小书。你可以不说话，答应我，听完我说的话，好吧？"小书微弱地"嗯"了一声。"老师知道你的压力很大，学校的气氛可能让你喘不过气来。如果你觉得在家的状态还不错，老师们可以像前两天一样把课堂内容发给你，你自己搞定。如果觉得状态不好，那我们能不能回到教室，走出家门透透气？中考只是我们人生路上的一件事，决定不了什么，无论结果如何都不是对我们的最终评判，放轻松一点，你可以的。少了你帮忙，我在咱们班上课总觉得哪里不舒服，而且咱们班也少不了你，同学们都盼着你能回来，和大家共度珍贵的最后两周……"随着小书的哭泣声传来，我知道心思细腻、情感体验深刻的抑郁质小书终于能发泄一下自己的情绪了。第二天，小书回到了课堂上。走过这一段阴霾的时光，毕业典礼上的小书露出了久违的笑容，又流着泪给了我一个大大的拥抱，虽然她什么都没说，但我似乎什么都听到了。或许，世界上最美的语言，莫过于"我懂你"。

教育诚然需要爱，更需要读懂孩子的能力。甄别孩子们不同的气质类型，才能给他们最适合的教育。

（威海市第七中学　王丽娜）

第 41 问：针对不同气质类型的学生，
班主任如何有效批评？

【老班难题】

一间教室，几十个学生，几十种性格。如果掌握不好批评的尺度和方法，轻则达不到效果，重则适得其反。那么，针对不同气质类型的学生，班主任如何进行有效批评呢？

【寻根究源】

气质类型是对人的气质所进行的典型分类，以公元前 5 世纪古希腊医生希波克拉底的分类最为著名。他认为人体内有四种液体，即血液、黏液、黄胆汁、黑胆汁。这四种液体在人体内的比例不同,形成了气质的四个类型,即多血质、胆汁质、黏液质、抑郁质。多血质学生活泼、敏感、好动、反应迅速、喜欢与人交往、注意力容易转移、兴趣容易变换。胆汁质学生直率、热情、精力旺盛、情绪易于冲动、心情变换快。黏液质学生安静、稳重、反应缓慢、沉默寡言、情绪不易外露、注意稳定但又难于转移、善于忍耐。抑郁质学生孤僻、行动迟缓、体验深刻、多愁善感、善于觉察别人不易觉察到的细小事物。

在平时的教育工作中,有效批评不能达成,往往还有以下原因:从教师的角度看,教师没有具备一定的心理教育知识,习惯了盲目地对学生进行批评指责,而忽视了对学生成长的教育和转化。从学生的角度看,学生与教师的亲疏关系不同,不能及时和教师沟通自身的困惑,所以延缓了问题解决的过程。从家庭的角度看,家长对孩子的关心不够,或者家长的家庭教育背景知识有限,使孩子的各种问题不能得到及时解决。

【解忧锦囊】

针对不同气质类型的学生,应该采用不同的方法,有针对性地进行教育,做到一把钥匙开一把锁。

针对胆汁质的学生,教师应该直截了当地告诉学生需要改进的地方,而且对学生的批评一定要有说服力,同时要培养学生坚持和自制的精神,豪迈、豪爽、勇于进取的品质,但也应该督促其克服鲁莽和莽撞的缺点。

针对多血质的学生,教师可以采用多种多样的教育方式。多血质的学生活泼好动,善于交际,所以教师要为他们创造条件,多给他们一些活动的机会。但是多血质的学生容易见异思迁、半途而废,因此教师要定期提醒其培养专一的品质。

针对黏液质的学生,教师可以采取耐心教育的方式。黏液质的学生思考问题比较慢,而且比较死板,因此教师要让他们有足够的考虑和作出反应的时间。同时黏液质的学生缺乏活力,比较死气沉沉,所以教师要培养其生气勃勃的精神、热情开朗的个性和以诚待人、工作踏实、顽强的优点。

针对抑郁质的学生,教师可以采取委婉暗示的方式。抑郁质的学生容易多愁善感,所以教师要对其多关心、爱护,不要在公开场合对其进行严厉指责和批评。同时抑郁质的学生行为孤僻,不喜欢交流,所以教师要培养他们亲切、友好、善于交往、富有自信的精神。

【案例聚焦】

体育课上的"八卦"风波

这学期,每周五的最后一节课都是体育,这让本来就提前沉浸在周末喜悦之中的学生越发容易兴奋。这不,放学前,班长又带着一个"重磅炸弹"来了。

我们班小王是一个比较特殊的孩子。卫生习惯差:用衣服擦桌子,桌面一团乱,脚下永远有一堆卷子、本子、废纸;行为习惯差:喜欢戳别人,自言自语,插话,问同学一些奇怪的问题(比如"你赌博吗?""你看我帅不帅?")……他的妈妈也说,孩子非常自卑内向,不爱沟通,习惯又差,一直批评教育但是收效甚微。班里的同学大都对他敬而远之,我也一直小心呵护他想要融入集体的心。结果体育课上,不知道他和班里的女生怎么聊起来了,有人问他喜不喜欢×××,他就很大声地说"我喜欢×××"。周围同学一听自然兴奋起来,结果一节课下来,大家都在说。当事人小姑娘非常生气,一直在哭。

由于已经接近放学时间,实在是需要"快刀斩乱麻",所以我找了当事人小姑娘和小王,明确了起因在于班里的一个女生小张,而且当事人表示其他同学的询问也是关心,但其中小赵的夸张反应和大声起哄让她尤其生气。怎么处理?一个是抑郁质的特殊学生小王,一个是黏液质女生小张,一个是胆汁质男生小赵……我在脑海中迅速过了一遍解决办法,当着当事人的面先对小王说:"这件事我能理解,你是因为有人问你这种问题,你不开心,所以看到她在旁边,以为是她问的,那干脆就说喜欢她。对不对?"小王点头。我又换了一种相对严肃的语气接着说:"但你的话对同学产生了非常不好的影响,她很生气,很难过,你应该怎么做?"小王当即对女生表示道歉。我又对他们两个孩子说:"在我这里道歉远远不够,我觉得小王应该在班里进行道歉,你俩觉得呢?此外,我也要找小张和小赵,批评他们在这件事中的错误。"当事人小姑娘表示,其实和小张关系也挺好,觉得应该是大家开玩笑,所以不想让老师也跟着生气。但我的观点是错了就是错了,不能因为我们的宽容大度,就让犯错的同学逃避责任。我可以不当着全班的面批评小张和小赵,但是有针对性的批评是一定要有的。

安抚了当事人的情绪,我深吸一口气,把小张和小赵叫了过来。我先让小张陈述事情起因,明确告诉她聊的问题并不合适。但小张说小王一直追问,我也告诉了她应对的方法——躲在女生班委身后,不信小王还敢"造次"。最后,我告诉了小张当事人的大度和理解,但是再一次强调这类问题的杀伤力,明确了以后不许再聊的要求。

而小赵同学则和我想的差不多,一口一句"我没有啊老师","我就是问了一句","我声音一点都不大"……对此,我严厉地告诉他当事人的生气,以及关心和起哄的区别。最后表示为了维护他的形象,我不想采取"收集罪证"的办法让大家相互检举,但他必须得到当事人的谅解。

最后一步,就是换上生气的表情"杀"进班级,无情地打断数学自习,不带人名和事件地对全体学生说:"我们之前多次强调,不要谈论隐私,不许偷聊八卦,因此今天的事情首先我个人非常生气和失望,对同学的伤害也让我心疼和难受。小王,你说吧。"小王道歉之后,我接着说:"今天的事,有起因,有传播,相关同学我也一定会追究。我要对在座全体同学说的是,从这一刻开始,我不允许任何一个同学再询问、再探听、再传播、再讨论,只要你发现相关情况,随时举报。一经查实,我将约谈学生及家长,绝不轻纵。"

事后我观察了班级的动向,尤其是当事人和涉事人的表现,还算平稳。通过这件事,我也在反思:对于抑郁质的小王,平日里我的关心有余,但是引导和教育不足;对于黏液质的小张,我应该多让她来说,帮她分析,告诉她问题所在,并教会她应对的方法;对于胆汁质的小赵,我也要避免简单粗暴,应该多点耐心……所以说,对于不同气质类型的学生进行批评教育,关键还是要理解并尊重每个学生的独特性,根据不同的性格特点选择适当的方式传达教育意图,只有这样才能确保达到最佳的效果。

(青岛滨海学校　周璐)

第 42 问:遇到"关系户"学生或班级, 班主任该怎么办?

【老班难题】

所谓班级"关系户"指的是在教育领域中,一些家庭背景优越的学生通过各种私人关系或特殊渠道进入学校班级,从而形成的一种特殊群体。这些学生背景复杂,存在学生个性化需求、家长人际关系难以协调等特殊情况,给班级管理带来一定的难度,更需要班主任的智慧。

【寻根究源】

一、学生方面

1. 学生自身存在问题。有可能学生本身"顽劣",存在问题较多。

2. 学生仰仗关系的问题。学生因为自己感觉与其他同学不同,给予自己特殊的地位,可能会产生攀比、排外、小团体等情况。

3. 学生可能存在更多的个性化需求和特殊情况,导致无视规章制度等诸多问题。因此班级的纪律管理难度可能会更大。

二、教师方面

教师给了关系户学生更多的教育资源和机会,这可能导致班级内部的教育资源不均衡。

三、家庭方面

1. 学生家庭背景的差异导致学习习惯、行为习惯等方面存在较大的差异。

2. 关系掺和导致的问题。家长利用关系干扰班主任管理,导致班主任无法一视同仁,管理效果不佳。

【解忧锦囊】

1. 充分了解。针对有特殊背景或资源的家长,班主任应事先充分了解,包括家长的社会地位、职业、教育观念等,以便更好地与家长沟通,并能够提供有针对性的建议和指导。

2. 一视同仁、公平公正。无论家长的社会地位、资源如何,班主任应对所有家长一视同仁,以平等、尊重的态度进行沟通,这是建立良好沟通关系的基础。

3. 做好个性化教育。个性化教育能够更好地满足学生的个性化需求,促进他们全面发展。

4. 丰富教育教学经验。"关系户"学生往往拥有更多的教育资源和机会,对教育和教学有着更高的要求和期望。因此,教师需要具备丰富的教育教学经验,以满足学生的需求和提高教育教学的质量。

5. 积极沟通。与家长沟通时,班主任应积极倾听家长的意见和建议,了解家长的需求和期望,以便更好地满足家长的需求,共同促进学生的成长。

6. 调动家长积极性。"关系户"家长有一定的社会地位和背景,可以引导家长利用自己所长为班级学生服务,提供较高水平的教育资源,家校配合为学生教育服务。

总之,面对"关系户",班主任不要过于紧张和焦虑,初心就是爱,用智慧关爱每一个孩子。同时,需要在班级管理中更加用心用力,摸透班级学生以及家长特点,有针对性地进行教育引导。

【案例聚焦】

"特殊"的爱,给"特殊"的你

连续两年中途接班,被分到了大家嘴里常说的"关系户班"。在很多同事眼里,这样的班级大多数学生来自社会地位较高、财富较多或教育水平较高的家庭,学生素质普遍较高,家庭普遍重视教育,更容易管理并取得教育成绩。但往往所谓的"关系户班"管理难度更大,与家长的关系处理更复杂,需要班主任运用更多的智慧。

专业素养,征服高知挑剔的你

班级中一位学生家长是某单位领导,是家长中高知类型的代表。刚接手时就有同事跟我介绍孩子的父母,爸爸是该同事当年的课代表,名校毕业,十分优秀,对教育也非常有自己的见解,很关心孩子所在学校和班级的发展情况。

有一次该家长给我打电话,反映老师布置的作业问题:形式单一、内容枯燥，尤其是英语作业，总是要求孩子落笔写。他认为英语学科应该大量布置阅读和听说作业，建议取消写的作业。这位家长还强调，自己当年就是通过大量读和背才一路读到名校的。同时，他认为现在的课本过于老套，老师课堂上可以抛开课本，多给孩子讲一些课外知识，来拓宽孩子的视野。

面对这位高学历家长的"指导"，我并没有急于肯定或否定他的想法，而是先冷静分析，逆向反推找到问题的根本：他身为单位领导，没有对孩子的成长"大撒把"，相反，从他对英语学习的要求可以看出，他对孩子的关注很细致，对孩子的学习和成长参与得也较多。所以从这个角度来看，应该肯定。但是对于学校教育，他以自家孩子的需求来否定学校安排，不免存有挑剔和不满情绪，我需要以专业素养表达对他诉求的反对，如若不然，恐不能使其信服。

在思考片刻之后，我对这位家长说："我很感谢您对孩子学习情况的关注，您能及时与我沟通，说明您对家校合作非常重视。而且您提出关于作业单一、枯燥的问题，也正是我们最近一直在进行的课题研究，我们也发现了作业存在的问题，正在改变。但您的意见中也存在主观问题，我们不能简单地把自己的学习经验嫁接在孩子身上，因为学习方法和方式不仅是因人而异的，还受社会变迁、时代改变、技术手段等因素的影响，作为老师，我也很理解家长对孩子教育个性化的需求。但是面对全班学生，老师不可能做到绝对的个性化，只能在现有条件下进行分层教学、作业设计和个性化辅导。毕竟，学校的教育教学工作是严谨、规范和科学的，教师有学业标准与教学指导要遵循，有课标要落实，所有课程都是面向全体的，不能因为个别成功案例就带领所有学生进行尝试。对您的最后一个诉求我是这样认为的，英语新课标对听、说、读、写四项技能的要求都有相应的分级描述，与学生的年龄发展特点相契合。老师根据课本内容和新课程标准中的要求来设定作业，是本着对学生学习成长负责的态度，从这个角度看，学校老师对您的建议恐怕无法盲从，希望您能理解。但是关于您希望减少书写要求和增加阅读、听说等诉求，建议您问一问孩子是如何看待这些问题的，我也会利用这个机会在班级里进行摸底，了解一下其他学生的想法，综合各种意见之后，从对学生有利的角度出发，再做出决断。"

在听到了以上条理清晰的回复之后，这位高知家长发现老师的专业素养很强，不由得信服，在日后的相处的时候对我也十分尊重。而我明白让家长尊重之基,在于要有较强的专业水平,以专业立身,以专业"征服"家长。

亲密有度、公平公正,应对特殊要求的你

和家长交往一定要有分寸,不要太把家长当"朋友",因为这容易被家长"左右"。

班级中有一位男生,是接手之后多位领导和同事向我提起的"关系户"。听之前的班主任反映,他的妈妈最显著的特点就是总想让老师对孩子有特殊的关照,小到座位安排,大到荣誉评选,无一例外。

所以在接手这个班级之后,我在班级的管理中的原则就是一视同仁和公平公正。对待班级内的每一个学生都应持有同样的态度和标准,不论他们的家庭背景、社会关系如何。如果某些学生的行为违反了学校的规章制度,那么他们应当受到相应的惩罚,而不是因为他们的家庭背景而被忽略或宽容。

当每个学生都感到被平等对待和尊重时,他们会更愿意参与到班级的各项活动中,更愿意与同学和教师建立良好的关系,从而形成一个积极向上、和谐有序的班级环境。

(威海市城里中学　姜玉彦)

第 43 问:如何给初一新生上好
第一堂班会课?

【老班难题】

初一新生工作千头万绪,第一堂班会课是让学生了解本校、本班和班主任的最佳窗口。如果班会开得好,可以让新生们迅速融入班集体,迅速就位于属于自己的角色,找到归属感,树立自信心。那么,班主任如何才能上好第一堂班会课呢?

【寻根究源】

1. 学生从小学升入初中,一方面对初中生活充满憧憬,对新班级、班主任、新同学充满好奇,一方面又对以前的老师和同学充满怀念,对陌生的新环境、新的人际关系存在担忧、紧张,甚至恐惧的心理。

2. 初一新生的第一堂班会课是班主任的亮相课,给学生的第一印象很重要,刚开学工作任务多,如何能让学生快速适应新环境、新老师和新同学,快速凝聚起班级的向心力,让每个同学都有归属感很重要。

3. 家长们对于孩子的第一节班会课也充满期待和好奇,会询问孩子对新班主任、新同学、新环境的印象等,通过班主任在家长群发的消息,形成对班主任的第一印象。

【解忧锦囊】

第一节班会课班主任不可能面面俱到地讲很多,抓住几个重要的方面落实即可。首先,利用"首因效应"建立良好的师生、生生关系至关重要;其次,让学生了解规章制度并自觉遵守是优秀班集体的保障;再次,引导学生明白适应初中生活要从适应紧张的学习节奏、养成良好的学习习惯开始。

一、破冰活动,建立关系

到了初中,学生的人际交往范围发生了较大变化。学生来自不同学校,彼此陌生,这时很多人会感到孤独、想念过去的同学,这都是正常的心态。陌生的环境和人际关系通常会让学生心中产生压力,他们渴望融入集体,希望尽快适应环境。通过设计有利于彼此认识的心理游戏,如校园缘分(让学生根据共同的喜好分组交流)、命中注定(根据出生月份分组交流)、拼图组队(用剪散的扑克找同伴交流)等活动,更深入地了解彼此的兴趣爱好、价值观和个性特点,在轻松的游戏氛围中展示自我,增进了解,建立关系。班主任也可以顺势融入其中,快速观察到学生的个性、特点。

二、制定班规,专属约定

第一节班会课上有很多学校常规管理的要求内容需要强调,如果只是班主任一味地传达,比较空洞乏味,学生印象可能并不深刻。精心设计一些自主制定班规的活动,顺便将校规校纪融入进去,不仅能提高学生的参与度,而且在潜移默化中培养了学生的规则意识,有利于建设一个有爱、有情、有度的班集体。第一堂班会课要树立班级规矩,让学生知道哪里是底线、什么事该做、什么事不该做、所有的奖罚行为都是有根据的,这点非常重要。

三、树立理想,学会学习

初一新生对初中生活充满期待,可以设计一些规划未来的活动,如让学生给未来的自己写一封信、写下心愿,引导学生树立远大理想,由远期目标到近期目标,再落实到学习上,从做好课前准备、提高课堂听讲效率、学会做笔记、做好作业等方面启发学生养成良好的学习习惯,以便快速适应初中的学习生活。

【案例聚焦】

新官上任"三把火"

新的学期,我又接手初一新生。按照惯例,公开学生班级后,学生要到教室开第一次班会。第一节班会课,我着重于熟悉、引导、稳定、期望,点好"三把火",架起师生沟通的桥梁。

一、点燃情感之火

初一新生对新学校、新老师、新同学充满了好奇与憧憬,但同时也会有彷徨、焦虑。通过设计"我们都一样"的破冰活动让学生快速进入团体,并对彼此有初步了解。游戏规则是我提出 4 个问题,这些问题会将教室的空间分成 4 个答案区域,请同学们根据自己的实际情况到达相应的区域,小组内交流分享。问题如下:(1)你是哪个小学的? (锦华/普陀路/千山/福泰)(2)你近视吗?度数是多少? (没有近视/200 度以下/200~400 度/400 度以上)(3)你平时有什么爱好或特长? (读书/运动/乐器/其他)(4)到目前为止你有没有一直坚持 3 年的事情/习惯? (没有/有 1 件/有 2 件/有 2 件以上)

小组成员通过交流分享共同的问题,脸上都露出了会心的笑容,在这个大集体中更放松、更舒服,越聊越有共同语言,会迅速拉近彼此的心理距离,结交到朋友,缓解内心的紧张与不安。

二、点燃信任之火

常规管理的要求是需要和学生强调的,否则学生容易犯错导致班级扣分。我改变传统的"我讲你听"的方式,大胆放权对学生表示信任,尝试让他们用小学的经验谈谈怎样能争得优秀班集体，引导学生从纪律、卫生、就餐、路队、两操、各种比赛等方面谈成功经验，从中引导学生认识校规、校纪，进一步形成我们班的班规、班纪。这样制定出来的规矩是大家公认的，学生如果犯错了也会甘愿受罚，如何改正也都顺便有了好方法。

三、点燃希望之火

新的起点，新的征程。中考是学生人生的第一个十字路口。学生虽然刚上初一，但是也要有生涯规划。我让学生用"你来比画我来猜"的方式呈现自己的理想，激发学习兴趣，从而由远期目标慢慢到近期目标，最后着眼于当下，即明晰初中与小学课程的不同，做好心理准备，养成良好的学习习惯，包括做好课前准备、集中注意力、学会做笔记、认真做作业、复习预习等。

课后布置了以"努力成为一名优秀的中学生"为主题的日记，来记录今天的感受与收获。看后能够更了解学生，给予学生鼓励的回复更能拉近师生的距离，并且我让学生一直保持写"心语日记"的习惯，这样有什么悄悄话也可以告诉我，为学生的心理健康保驾护航。

（威海市第七中学 周晶）

第 44 问：学生间互助意识差，班主任该怎么办？

【老班难题】

班级管理中，我们有时会看到学生们缺乏互相帮助的精神，大家自扫门前雪，不愿意也不主动去分享和帮助别人，同学们之间关系疏远，班级缺乏紧密连接、和谐共生的积极氛围。面对这种情况，班主任该怎么办呢？

【寻根究源】

一、学生层面

大部分学生是独生子,是整个家庭的中心,唯我独尊,在成长过程中缺乏与同龄人交往的机会,分享和合作的意识相对较弱。所以在集体活动中不愿意与他人分享,缺乏合作精神。

二、学校层面

为了激励学生的积极性,很多班级采取小组竞争机制,班级分成若干小组,组内合作,组间竞争,竞争结果与作业和座位挂钩。为了少写作业、挑选好的座位,每个组竭尽全力来赢得分数。还有不少老师,每次考试之前让学生定考试目标时往往都会让学生把追赶的对象(竞争对手)加上去,这在一定程度上夸大了学生之间的竞争性,不利于学生的团结和互助。

三、家庭层面

部分父母娇惯孩子,生怕孩子在学校吃亏,在家嘱咐孩子:多一事不如少一事,管好自己就行,与自己无关的事情不要去管,以免惹火上身。逐渐这小部分孩子就成了班级中的冷漠人,事不关己高高挂起。

【解忧锦囊】

互助合作能力不是与生俱来的,需要后天慢慢培养。初中的孩子处在人格塑造的重要时期,需要家校共育,共同培养孩子的互助合作能力。

一、学生方面

积极参与班集体各项活动,热心助人,积极与同龄人交往,在交往中用放大镜的视角去关注别人的优点,多站在对方的立场去思考问题,努力做一名受周围人喜欢的学生。

二、学校方面

培养孩子的互助合作能力的前提是孩子要有关心他人、与人为善的良好品德,这样孩子才会在别人遇到困难的时候愿意伸出援助之手,在需要集体合作的时候愿意不计较个人得失。他们对别人友善,也容易获得别人的尊重和帮助。班主任要主动了解每个孩子,了解他们的个性特征,及时和孩子沟通,和家长沟通,如果发现孩子个性上有诸如自私、跋扈、任性或者不良行为,就要及时引导制止,教育孩子在与其他孩子相处时要团结友爱、互帮互助。

1. 在团体活动中为孩子制造互助合作的机会。团体活动是孩子成长的重要渠道,能够增加孩子认识世界、了解他人的机会。班主任可以设计很多需要孩子之间互助合作才能完成的团体活动,比如情景表演中的角色配合、篮球比赛。

2. 表扬与鼓励,让孩子体会到互助合作的快乐。独木不成林,独林不成森。孩子的成长伴随着与人的交往。只有感受到互助合作带来的喜悦,孩子们才会产生想要合作的意愿从而付诸行动。当孩子表现出合作互助行为的时候,班主任要及时给予肯定和鼓励,要让孩子们意识到,互助合作能分享快乐、获得成功,同时也能收到老师的表扬和其他孩子的喜欢,这样,孩子才会不抵触合作,愿意主动合作。

三、家庭方面

1. 给孩子树立互助合作的榜样。父母是孩子的第一任老师,家庭是孩子的第一所学校,孩子互助合作的行为是在模仿家庭成员之间开始建立起来的,所以,父母在家里要给孩子树立良好的互助合作榜样。比如,在家里协力做一顿饭,妈妈炒菜,爸爸洗菜;打扫房间时爸爸扫地,妈妈洗衣服。

2. 有意识地让孩子参与家庭活动中来。现在孩子很多自私自利、懒惰的行为都是惯出来的,因为在家里父母总是把孩子放在手心里,不让孩子做事情,孩子没有参与感,而且习惯了衣来伸手、饭来张口的生活,就不会有互助合作的意识。所以,在家里父母要让孩子参与到家庭活动中来,无论是全家一起打扫卫生,还是一起玩游戏,抑或是一起开家庭会议,都不要忽略孩子也是家庭的一员,也有权利为家庭出主意,也有义务为家庭做贡献,要让孩子知道,分工合作会让家里变得更好。

3. 不要过度做孩子的保护伞。孩子的互助合作可能结果不是每次都尽如人意,因为孩子心智在发展当中,所以在互助合作的过程当中会产生矛盾。此时,无论孩子是主动方,还是被动方,家长都不要过度维护孩子,要耐心和孩子讲道理,正确看待整件事情,给孩子摆正自己的姿态,孩子才会认真分析问题,从而避免下一次互助合作中的冲突。如果家长一味护着孩子,孩子只会想到他人的错误,不会在自己身上寻找原因,这样不利于孩子合作精神的培养。

【案例聚焦】

独行快，众行远

每个班主任都在用心呵护自己的小花园，希望这一方小花园能百花齐放，对于自己的小花园也有着自己的理想构建，奈何小花园的建设总会遇到各种各样的问题。小花朵们各具特色，不喜欢与其他花朵相互帮助，班主任该怎么办？

百花齐放，争奇斗艳的花朵们

那一年，我接手了一个学霸班级，班级的各项成绩都在级部中遥遥领先。但是任课老师普遍反馈其实并不喜欢我们班的学习风气，反馈虽然我们班的孩子非常好学，但很自私，都是自己学自己的，平时 A+ 的孩子给其他的同学讲题，都非常不情愿，而且极其敷衍。这个反馈引起了我的高度重视，观察了几天后，我发现事实确实如此。

不仅相互讲题不情不愿，就连上课时候的小组合作也是非常敷衍，每次上课老师让小组代表进行发言，他们也是相互推诿，经常耽误上课进度。终于在他们多次这样后，数学老师暴怒了，直接通知我，什么时候我们班能主动在小组合作时帮助其他学生讲题，能主动站起来代表小组进行展示，自己什么时候再来上课。作为班主任，我首先对数学老师进行了安抚，代表孩子给数学老师道歉，然后心里在盘算着应该如何"收拾"这群相对自私、不懂得互助的小花朵们。

匠心慧运，偃旗息鼓的花朵们

我首先是单独找了几位学习成绩靠前的学生，挨个询问了他们为什么不乐意在小组合作时帮助其他同学讲题。他们给我的原因无一例外，都是会耽误自己的时间。所以我认识到这表面是学生互助意识弱，其实是学生比较自私，不会在集体中处理个人利益和他人利益、集体利益的关系。

所以为了帮助孩子们认识到这种行为的不恰当之处，我选择和他们做了一样的行为，正所谓以其人之道还治其人之身。那天中午开始，孩子们问我任何问题，我回复："这会耽误我的时间啊，我得备课，要是给你讲题帮助你了，我晚上就得回家加班备课了，睡得太晚了对身体不好。"当我第一次这样拒绝孩子们请求的时候,他们明显愣住了!

我同时联合班级所有的任课老师,请他们配合我,那一个星期都没有主动帮助孩子们讲题或者是回复疑难问题。同时在家长群里对家长们说明了我这样做的出发点和原因,也和家长叮嘱好不要告诉孩子们,我们老师还会继续认真辅导孩子们。保证家校一心后,我又开启了第二轮的"攻击战"。

团结协作,焕然一新的花园

第二天我特意和数学老师调了课,让孩子们以为数学老师还在生气。数学课前,我仔细观察了一下,有几个小组的孩子在帮助组内其他孩子讲解昨天课堂上的重点题目。铃响了,数学老师还是没来,孩子们一个个看着我,不知所措! 我借势问孩子们:"你们知道你们的行为哪里不妥当吗?"有的孩子点点头,说是太自私了。然后我借机进行了一节关于互助的班会课,让孩子们想想平时都是谁默默无闻分发小测和作业的,这些孩子难道不知道耽误的是自己的学习时间吗?

然后再把问题转移到个人利益和他人利益在集体中的关系,我用长筷子吃饭的故事给孩子们讲解了相互帮助的意义,告诉孩子们竞争最理想的结果是双赢。思想层面渗透结束后,剩下的半节课我特意领着孩子们到操场上开始了多人跳大绳的活动,我特意问孩子们有没有愿意来帮助大家摇绳子的。有几位孩子主动举起了手,我内心非常欣慰。不过让孩子们惊喜的是,我们班的数学、语文老师也来到了操场上,他们告诉孩子们,老师乐意帮助他们摇绳子,也希望他们能慢慢学会在集体生活中换位思考,互帮互助。

此后我们班的教室里总是非常热闹,课间多了很多讨论和交流的声音,孩子们也在互帮互助的氛围中不断成长。经过一年的成长,我们班超过三分之二的孩子学习成绩都在原有的基础上进步了。这也充分验证了那句话:独行快,众行远!

我依然是那个努力经营、照顾、呵护小花园的工匠!

(威海市第七中学　张颖)

第 45 问：学生经常嗑 CP，班主任该怎么办？

【老班难题】

嗑 CP 形容非常喜欢自己支持的荧屏上或现实中的情侣。作为网络语，该词最早出自二次元同人圈，而后慢慢在饭圈中也开始流行起来。在 CP 粉的推动下，角色能够跨越年龄、性别甚至种族，很多东西都可以成为 CP。互联网上各式各样的 CP 越来越多，有真情侣，也有粉丝们想象的。但是当班级中盛行嗑真人 CP 之风，班主任则需及时介入。

【寻根究源】

一、学生方面

1. 满足娱乐消遣的需要。学海无涯苦作舟，学习是枯燥无聊的，在枯燥的学习之余，学生们会苦中作乐，寻找一些乐子。嗑 CP 就是其中一种娱乐消遣方式。他们通过嗑同学们的 CP 来放松自己，缓解压力。

2. 满足情感归属的需要。

马斯洛需求层次理论中的第三个层次是爱与归属的需要，青春期学生尤其注重同伴交往，为了融入同伴的小圈子，他们也随波逐流。青春期孩子因为身体进入发育的第二性征期，逐渐对异性充满了好奇。他们渴望亲密关系。当嗑 CP 时人们脑海中会分泌多巴胺，能够产生一种仿佛亲身经历的甜蜜感，而这种沉浸式的甜蜜体验能够带来幸福感。

二、社会方面

娱乐圈为了维持明星的热度，就会炒 CP 组合，供粉丝们津津乐道。受此影响，学生群体也掀起了嗑 CP 热。

【解忧锦囊】

一、学生方面

学生要认识到自己嗑 CP 会带来的不良影响，面对成长中的问题要学会以积极乐观的态度和正确的处理方式来处理。在面对被周围同学起哄、被组 CP

时,要勇敢表达自己的愤怒情绪,以非暴力沟通的模式和对方交流。

二、教师及家长方面

1. 教师和家长要引导学生采取正确的娱乐消遣方式,比如运动、看电影、听音乐。

2. 班主任在班级管理中、家长在家庭教育中要给孩子营造爱与归属的和谐氛围,让孩子有安全感,对于孩子的交友观要关注并给予正确的引导。

3. 面对孩子对异性的仰慕之情,我们家长和老师要引导孩子以正确的方式来处理自己的这种正常情绪。

三、班级方面

1. 了解情况。根据班级里的磕CP之风,班主任要找到当事人了解情况,单独和两名学生心平气和地谈话,了解事情的来龙去脉,看看他俩是否有早恋倾向,如果学生一致否认,便只需扼杀传谣之风。

2. 定规矩。在班级、在学校只能正常交往,不能出现亲密的举动,这是底线。不能私下议论别人,不能未经别人同意传播私人信息,谣言止于智者。

3. 上一节班会课。一方面,通过对校纪班规的说明,将后果告知学生。另一方面,传递给学生正确的价值观、爱情观,帮助学生去认识自己、认识爱情、应对爱情。

四、社会方面

全社会各行各业应该树立风清气正的行业氛围,尽量为青少年创造良好的社会环境,相关执法部门可以加大对娱乐圈的管控力度。

【案例聚焦】

嗑 CP 要有分寸

最近课间休息时,我总会发现女生三个一群、五个一簇凑在一起叽叽喳喳。起初我没觉得有什么不妥,只是觉得课间女孩子们凑在一起聊天很正常,直到有一天晚上瑾的妈妈打电话对我说,班上女孩子们嗑她和同桌小俊的CP,背后一直议论纷纷,瑾感觉压力甚大,不愿来上学。

第二天,我分别找几个班干部了解情况,经了解得知,最近很多女生喜欢课下嗑同学们的CP,很多同学被动组CP,大家被搞得心浮气躁,整个班级陷入了相互磕CP的不良风气中。最后我找到了瑾和小俊。瑾既愤怒又无奈,她认为这些同学无故八卦她,是不尊重她,是在羞辱她,她越想越生气,只是单纯的同桌关系,被同学们嗑得面目全非,她很生气。小俊对此事也深感无奈,无论怎么解释都堵不住那些CP粉的嘴,于是只好装聋作哑,静等这股CP风刮走。

了解事情原委后,我对嗑CP专门进行了一番研究,决定在班级里进行一次磕CP整顿运动。为了增加课间休息的娱乐性,避免学习的枯燥乏味,我为学生们精心设计了丰富多彩的课间小游戏,例如"词语猜猜猜"。这款游戏的规则是一人做动作,另一人猜词语,通过相互猜测来确定答案。猜对者则获胜。这个游戏可以锻炼同学之间的交流能力和团队合作意识,并且还能提升词汇量,学生在哈哈大笑中放松了身心,增强了团队凝聚力,将注意力由原来的嗑CP中逐渐抽离出来。还有一个常玩的游戏是传话游戏:8至10人排成一列,选出一个人对队伍第一个人轻轻地说一句话,不能让后面的同学听见,然后把这句话传到后面一个人,一直到最后一人,最后由最后一个同学说出听到的那句话,如果不对就算输。这个游戏有利于锻炼学生的吐字能力和注意力。

如果真正想让学生们主动远离磕CP的不良之风,就要让他们在意识上认识到磕CP的危害以及给他人带来的烦恼。于是,我设计了一节"远离磕CP,争做阳光好少年"的主题班会课。班会课上我通过情景剧的方式再现了瑾和小俊因为被磕CP带来的烦恼,让学生们交流感受,接下来通过角色扮演等方式让每位同学都来体验被别人磕CP的感受。己所不欲,勿施于人。学生们在角色体验中逐渐学会了换位思考,深度理解磕CP给别人带来的伤害。

除了引导学生玩丰富多彩的课间小游戏来转移磕CP的注意力和主题班会课之外,我还为家长朋友们专门设计了一节"让家成为孩子心灵归属的港湾"家庭教育指导课,教家长如何关注孩子的心灵需求,并尽力为孩子创造有安全感和归属感的和谐家庭氛围。

磕CP不一定是一个贬义词,但如果将磕CP的快乐建立在伤害别人的基础上,则不可取了。所以我们要引导学生把握好磕CP的分寸,对美好关系的期待才是人们磕CP的初心所在。

(威海市塔山中学　姜文君)

第 46 问：学生不积极参加班集体活动，班主任该怎么办？

【老班难题】

班级集体活动是增强凝聚力和集体荣誉感的好机会，但是总有学生不积极、不认真，更有甚者游离在外，不表态、不参与。那么，学生不积极参加班集体活动，班主任该怎么办呢？

【寻根究源】

1. 自身原因：学生性格使然。有的学生内向害羞，在同学面前放不开，在班集体活动中不好意思展示自己；有的学生个性十足，通过不参加班集体活动显示自己与众不同。

2. 其他原因：活动设置问题。有的班集体活动学生并不感兴趣，或者已经重复举办过，所以学生参与积极性不高。

【解忧锦囊】

1. 如果学生不积极参加班集体活动是因为自身原因，班主任可以和学生进行一对一交流，鼓励内向的学生从参与开始，慢慢从边缘站到台前。也要引导个性十足的学生认识到集体的重要性，明白合作和团队精神的意义，要知道独自美丽是一种美，为班级挺身而出增光添彩也很酷。

2. 如果学生不愿意参加集体活动是因为活动本身的问题，班主任应该带领学生仔细解读班集体活动的通知、分析活动意义、共创活动方案……通过创建良好的氛围，让学生都能够感受到集体活动的乐趣和意义，从而自愿参与、积极参与。

【案例聚焦】

班级"成长院线"，打造"群星闪耀"的集体活动

一年一度的十月艺术节又开始了，我照常在班级中将学校整体的安排和要

求进行部署。按照学校的要求，每个班级需要至少表演一个节目，鼓励有特长的学生积极参加。可是当我把这个消息带给学生时，大家一片沉默。以前教过的班级在听到这个消息的时候都会欢呼雀跃，因为学校合唱节不仅是一场视听盛宴，更是他们展现自我的平台。可是今年接手的这个班级整体性格比较内敛，不喜欢抛头露面。虽然从他们的眼神中我可以看出他们对文化节的期待，但是也能从眼神的躲闪中猜出他们对登台的惧怕。因为学生参与不积极，活动的整个准备过程我都觉得非常吃力，最后比赛的结果也不尽如人意。有了这次的经历之后，我明白这样一个沉闷松散的班级，如果不改变，班级发展将会非常不乐观。

班级"电影放映会"——德育目标的载体

首先我分析了一下，班级同学面对活动积极性不高的原因主要是做事不自信、不敢面对困难、对同学不友善、过于依赖他人等。要改变这种情况，我需要一个载体。我选择以学生喜欢的电影为载体，将电影与我班"关注学生身心健康成长"的理念相结合，创建班级"成长院线"。在每次学校举行比赛前，我都和学生一起商量，选择一部能体现勇气和力量的电影推荐给他们。我在班会或午餐等固定时间段进行"电影放映会"，来营造一种班级集体共参与的氛围。在观看电影的阵阵欢笑声和唏嘘声中，学生们一起感受影片带来的视觉冲击，共同经历情节引发的情感共鸣。

观看之后，我们都会举行班级观影会。学生畅谈自己的所思、所感、所悟，分享影片中蕴含的成长道理，然后再集体进行讨论，达成共识后，制定班级成长目标。受到这种氛围的带动和感染，那些原本不爱参加集体活动的学生也融入集体中，大家产生了一种同为家人的默契，班级向心力在"成长院线"上慢慢彰显。

班级"圆桌光影会"——成长目标的践行场

为实现同学们制定的成长目标，还需要开展形式多样的主题活动，为学生成长提供合适的"试炼场"，实现目标与实践的"齿轮式"衔接。

比如，为了让学生更好地实现"拥抱勇气、突破自我"的成长目标，我设计了"圆桌光影会"活动。由学生选择熟悉的经典故事片段配音，模仿电影中人物的声音、动作、情绪等，展示人物性格。在活动中，学生不断尝试突破自我、突破难关。小组之间互相鼓励、支持，一步步地释放自我，最终战胜了恐惧。

通过活动，学生亲身体验到遇到困难时，勇敢地突破自我、同伴之间相互鼓励和帮助以及大家一同面对困难、克服困难的力量。在活动的感召下，我们班所有学生都参加了 12 月份的合唱节，并以年级第一名的好成绩参加了校艺术节展演。

班级"百花奖"——打造正向情感的能量场

定期召开"我评百花奖"活动，引导学生用自己的眼睛观察班级中的好人好事。比如在每日晚点的时候重点突出表扬优异的同学，评比"今日之星"，充分肯定每一个努力的身影，教会学生互相欣赏与接纳；同时，也会指出个别学生不良的行为习惯问题，引导学生积极改掉不良习惯，形成好的习惯。

"成长院线"的活动无形中在班级营造出了包容、鼓励、支持的氛围。这种氛围就像一个正向情感"能量场"，激发学生对班集体的热爱，培养了学生的集体意识和参与意识，良好的班集体在潜移默化中慢慢形成。

（威海市城里中学　姜玉彦）

2

班干部养成篇

责任在肩，树立榜样
引领之航标

第 47 问：如何对班委进行培训和指导？

很多班级的班干部是入学时由学生进行竞选投票选举产生，班主任最后把关。一开始班干部都干劲十足，一段时间后，我们发现班干部的工作热情慢慢消退，全班公投出来的班干部不得力，除了"人缘好"之外没别的优点，能认真做事的也没几个人，最后还是把班主任累坏。所以，班干部的培训比选拔更重要，班主任应如何给他们进行培训指导呢？

【寻根究源】

1. 不敢管。有的班干部学习成绩很好，人缘也很好，在同学中也享有一定的威信，但由于自身性格比较内向，缺乏自信心和底气，在班级管理时放不开手脚，怕干错或怕得罪人，工作效果差。

2. 不会管。有的班干部自己很优秀，但缺乏管理的经验和方法，有的甚至每天在班中大呼小叫，看似很细致、负责，但效果不好。

3. 不能管。有的班干部某些方面很优秀，但自律意识差，经常犯一些错误，在管理别人时不能服众。

【解忧锦囊】

一、聚焦优势，合理分工

在分配班干部工作时，班主任要针对学生的优势分配，如让头脑灵活、自信的孩子当班长，让讲究卫生、收纳整齐的孩子当卫生委员，让精明心细的孩子当生活委员……发扬长处，弥补短处。召开第一次班委会时，首先肯定班干部的个人能力，表示信任，然后将班长、体委、学习委员、卫生委员、生活委员等的职责重点解读,并在工作中进一步细化指导,让他们知道要干什么、重点管什么。

二、定期培训,传授方法

班委成立之初,班主任每周结合班级实际情况进行一次专题培训,包括如何树立班干部威信、如何又快又好地完成老师布置的任务、如何软硬兼施地提高与同学沟通的能力、如何组织班级活动、如何帮助后进同学等,提高班干部的沟通力和执行力。把班委培训上手后,可以采取短平快的问题沙龙,即每周由班长组织开会,汇总班级问题,讨论解决。让他们在实践中学会自己管理自己,不断总结经验教训,培养他们的实际工作能力,慢慢从班主任"扶着走"变成"领着走"再到自己"放开走"。

三、及时表扬,树立威信

首先教育班干部要做同学们的表率,以身作则,要有奉献精神,热心为同学服务。经常当众表扬班干部的一些正确做法,也可以写成班级日志发布在家长群,让班干部得到更多的肯定,树立威信。如果班干部做了不合适的事情或发布了不合适的命令,不要当众指责或者批评,而要课下单独了解情况,再视情况引导或批评。班干部成熟后,班主任可以将班级活动的策划、组织交给他们。班级获奖时,让负责此项工作的班干部去领奖。

【案例聚焦】

换届仪式,激活班干部群体活力

班干部换届是一个敏感的问题,稍有不慎便会引发许多的问题。一个班级要良性地发展,换届是必不可少的,充满仪式感的换届既能让班级管理平稳过渡,又能激活班干部群体的活力。

竞选仪式

竞选仪式正式开始前,我会提前一周在班级中营造出浩大的声势,让有意参加竞选的学生做好充足的演说准备和心理准备。

我刚当班主任时,有一次竞选班委,我只是在班会上郑重地通知了学生,但没有做出明确的演说要求。事后读孩子们的周记,参加演说的孩子无论选上与否都感谢那个鼓起勇气站在讲台上的自己,因为他们获得了宝贵的成长体验和精神财富。而那些一直没有成功地站起来的孩子，则留下了莫大遗憾。虽然每一种经历都是成长，留下遗憾的孩子说不定会吸取教训，成长更多，但我仍然希望孩子们都能早日绽放自己的精彩。后来，我修订了班规，规定竞选演说必须准备好演说稿。这对很多学生来说是很大的考验，当然也会是难得的锻炼机会和难忘的回忆。很多孩子想尽办法请家长或老师修改润色演说稿。连任竞选的小凯竞职演说堪称精彩，不仅是一份完整的述职报告，将自己的上一学期的工作进行了细致总结，同时亮出了自己的明显优势，赢得了大家的掌声。

竞选时，我会请全体任课老师参加，请学校宣传处的老师帮忙拍照、录制视频。全体同学和教师现场投票，监督员现场唱票、统票，现场公布竞选结果。如有重票则需要二次演说、二次投票，竞选现场热闹又紧张。竞选结束，我会将这些宝贵的照片和视频分享到班级群里，让家长领略孩子们的风采，参与孩子们的成长。

隆重的竞选仪式让换届成为班级的一件大事。学生无论成绩优秀与否，无论有无经验，皆可参加竞选。学生作为班级的一分子，体验到自主管理的主人公地位。仪式的盛大，让学生体验到岗位来之不易，上任之后更有责任和担当。

交接仪式

新旧班干部交接仍然需要仪式感。交接仪式上，新的班级干部会领到一份聘任书，证书中夹着一张个人承诺书。全体新班委要面对班徽，面对全班学生和任课老师庄严宣誓，宣誓后要在承诺书上签上自己的名字。

卸任的班干部会领到一封装裱精美的感谢信。感谢信是班主任的亲笔信，是绝无仅有的一份，感谢这些老班干部为班级荣誉做出的努力和牺牲，是他们成就了更优秀班集体，是他们成就了更优秀的班主任。

老班委将自己工作以来的班级日志交给新班委。日志的第一页是班委职责，具体到晨午晚的各项事宜，后面是班委的工作记录。这样的传递大幅缩短了新班委的培训周期，即便是新手上任也能站在前人的肩膀上快速适应。交接仪式后，我通常会给学生讲美国军舰长大卫·马凯特的故事——很多管理者非常乐于看到自己离开职位之后情况变得糟糕，他们会认为这是自己能力的体现。"你看，我在的时候管理得特别好，我走了以后不行了。"最终归咎于接班人不行。大卫·马凯特认为这并不是真正的领导力,这只能说明你有一定的执行力,能够在重压的管理之下使团队做出一点业绩而已,而最重要的是考察长期的表现。在大卫·马凯特离开了军舰以后的十年,这艘军舰依然人才辈出,不断进步,不断地内部迭代,他才是一个真正的管理者。所以,我们关注的重点也并非老班委在职时我们的班级如何,新班委上任后的表现同样能够体现老班委的价值。

交接仪式一方面做好了老班委的"断舍离",日后能更好地配合新班委的工作;另一方面做好了新班委的心理建设,他们接过前任的"班级日志"就是接过了前任的使命,只能做得更好。

例会仪式

每周班会前一天的班干部例会是我一直以来坚持的传统。例会能够帮助班干部树立起威信,也为班干部在班会课上的总结把好关。

每周例会分为三步:总结上周工作,规划下周重点、讨论需要其他班委配合的工作,表扬自己的进步之处。在班会课上则把最后一步改为:表扬同学们的进步之处。在例会的推动下,班干部群体保持着积极向上的工作状态,让大家看到自己的进步是让人欣喜的事,能看到别人的进步更需要一双慧眼、一颗宽广的心。学生的进步被班干部看见并点名表扬,无论是谁都会印象深刻、动力满满。

这一小小的举措解决了班干部常见的职务倦怠,融洽了班干部和学生(管理者和被管理者之间)的关系,增强了班干部的管理能力。

班干部换届的"仪式感"看起来烦琐甚至耗费大量的精力,但是相比它对班干部群体活力的激活和对班级管理的价值,再隆重也不为过。

(威海市第七中学　王丽娜)

第 48 问:面对班干部、组长不作为, 班主任该怎么办?

【老班难题】

很多班干部在管理班级的问题上总是缺乏主动性,每周不能很好地完成日常工作,班里总是离不开班主任,班主任不在班里就很多事情不能做好,导致班主任心力交瘁。针对这种状况,我们该怎么做呢?

【寻根究源】

一、学生方面

1. 部分学生不愿意在集体生活中为班级和其他同学做贡献,只图私利,素养不高。

2. 部分班干部没有承担过类似的职责,对班级管理经验缺失,能力不足或者性格原因,对负责工作执行不到位,导致他们直接不作为。

3. 班级整体风气差,导致班干部工作开展时陷入被动。

二、班主任方面

1. 班主任在实行小组合作过程中,缺乏对班干部、组长完整正规的考评细则,导致很多班干部、组长认为这项任务可有可无,存在能干者使劲多干、偷懒者使劲偷懒的情况,相互影响之下都不乐意为班级做贡献。

2. 班干部、组长出现错误时,班主任不问青红皂白直接批评。不合理的管理班级的风格也会打击班干部、组长的热情和责任感。

3. 班主任培训时不规范或者内容不清晰,导致班干部责任范围或者执行标准不明确。

三、家长方面

1. 部分家长告知孩子不要承担班干部的职责,只要照顾好自己就可以。这样相对自私的思想也会潜移默化地影响学生。

【解忧锦囊】

一、仪式选举，华丽铺垫

班干部的任期一般为一个学期，学生自主报名，准备竞选演讲。演讲后，全班同学举手表决，试用期两个周，两周后没有重大错误，颁发聘书。如果下学期不担任班干部，要及时把自己的工作经验和心得交接给下届班干部。

二、确定责任，明确分工

班主任公布班干部职责，明确工作任务，明确工作流程，并且把职责、任务、流程打印下来，张贴在教室，方便班干部遇到疑惑的时候随时查阅，同时也方便同学们监督。

1. 班主任可以从班干部的具体分工入手，给每个班干部制定一套每日标准化流程图，告知他们应该如何做，就可以有效避免学生不作为的情况。

2. 针对个别家长相对自私思想的灌输，班主任可以从学校层面对学生进行正向价值观的引领和渗透。

三、定期述职，评价提升

述职演讲就是通过演讲的方式，让班干部对本学期的工作进行总结，并分享班级的变化与进步，进一步强化班干部和同学之间的联系，互相监督，互相合作。主要有以下几项内容：

1. 在这学期中，通过你的努力，给班级带来的变化是什么？

2. 在班级工作中，让你印象最深刻的一件事是什么？遇到的难题是什么？

3. 下学期你觉得自己还需要提高哪些方面的能力？

【案例聚焦】

南风效应的温暖　立竿见影的自信

作为班主任，我一直坚持小组合作管理班级的模式，取得了很好的效果。班干部也在小组合作的过程中能力迅速得到提升。然而，并不是每一个班干部都会做学生领导工作，总会出现一些不和谐的因素。

不过那一年遇到的一批孩子让我对培训班干部和小组长有了新的认知，有的时候对于班干部的不作为，鼓励和赞赏会让他们更自信。

群龙无首　一盘散沙

那一年我接手了一个班级,原本的班长转学了,所以班级群龙无首。在自主竞选班干部的过程中,竟然没有一个学生主动报名。三番动员下,还是没有孩子乐意承担班委的职责,更别提小组合作的小组长了。

万般无奈之下,我只能根据自己的经验临时组建了一个班干部团队,直接任命了小组的小组长。然而实施过程中出现了令我十分不解的状况——新任命的班长啥事也不管,反而和班级的淘气分子一起公然扰乱教室秩序。而其他班干部更是"甩手掌柜",班级量化考核分唰唰直扣。我大发雷霆,结果他们很无辜地看着我,感觉一拳打在了棉花上,十分难受。小组内毫无团结力,记分员计分更是一塌糊涂,这让我意识到必须找到问题的症结,是他们就是不想干还是不喜欢我这个班主任?

真诚沟通　寻根究源

首先我先让自己"降温",私底下召开了班干部座谈会,从他们被动接受班委职责开始谈起,说到他们牺牲个人利益来成就集体利益,然后再委婉地点出担任班干部期间他们不作为的表现。大部分的孩子都表现得非常不好意思甚至非常愧疚。紧接着我追问道:他们不作为是担心得罪同学还是怕影响自己的学习?抑或是另有隐情?我充分地表示会尊重他们的意见和想法。当孩子们发现我并不是要问责他们的时候,反而比指责的时候效果要好。他们告诉我他们不知道怎么当班干部,因为之前的班长非常能干,啥事都一肩挑,所以什么也不用他们参与,他们非常轻松。现在的班级事务什么事情都要他们来管理,他们没有经验不知道该怎么做,再加上我对他们不问青红皂白上来就批评,他们就对当班干部失去了热情和信心。

南风轻拂　自信立显

原来孩子们没有担任班干部和小组长的经验,而且因为以前的班长能力太强,所以他们也就相对缺乏展现和锻炼的机会,再加上我对他们过多责备,所以他们更加没有热情担任班干部和小组长。

了解到具体原因后,我改变了我的行事做派,把每一个班干部和小组长需要每天完成的任务制作成班级小组情况书。每个班干部和小组长在明确职责的情况,偶尔也会存在错误。这个时候我采取的措施就是鼓励加表扬,不断地通过表扬优点、提出缺点、改正缺点、夸大表扬的方式,让孩子们对自己担任的岗位多了一份热情和责任感。

我们班的班干部和小组长的表现逐渐走向优秀,其他班级的班主任都非常羡慕我拥有了一群得力小干将。

(威海市第七中学　张颖)

第 49 问:面对班干部抱怨、委屈, 班主任该怎么办?

【老班难题】

班干部是班主任管理班级的得力助手。班干部在协助班主任管理班级的过程中,有时会遇到淘气同学的不服管教、责骂甚至人身攻击,此时班干部们会出现委屈、伤心等情绪,他们的工作积极性严重受挫。面对班干部抱怨、委屈时,班主任应该怎么办?

【寻根究源】

一、学生方面

1. 班干部在为同学和老师服务的过程中,牺牲了很多精力和时间,一旦遇到同学不理解或言语攻击、老师的批评,心里会很不平衡,伤心、委屈的情绪自然会涌上心头,认为自己出力不讨好。

2. 有部分班干部只想着岗位带来的荣耀和自我价值满足感,缺乏对职位带来的困难和挑战的预判。还有些班干部缺乏强大的心理素质和抗逆力,遇到一点困难就退缩。

二、教师方面

1. 一些班主任忙于各种班级琐事，忽略了对班干部心理素质的建设和培养。

2. 一些班主任对班干部寄予了很高的希望，看到他们在执行过程办事不力时就会埋怨或批评，而不是给予耐心的指导和细致的培养。

三、家长方面

1. 部分家长只注重鼓励孩子去竞聘班干部，而对于班干部带来的责任和挑战没有给孩子提前做好心理准备和心理预设。

2. 还有部分家长面对孩子的抱怨和牢骚，没有接纳、安抚孩子情绪，帮助他们积极寻找对策，而是批评、指责孩子工作不得力，急需增长本领。

【解忧锦囊】

一、学生方面

1. 班干部是老师和同学们之间沟通的桥梁，起着上传下达和命令执行的作用，所以班干部要掌握一定的工作技巧和工作方法，成为老师和同学们之间良好的润滑剂。

2. 管理本身不是一件容易事。班干部职责中有一部分是协助老师管理好同学和班级事务，所以在管理过程中出现冲突是再正常不过的事情。班干部首先要有这方面的心理准备，这样在工作开展中不至于因为接受不了而心生不良情绪。

3. 班干部要加强心理素质的修炼和抗压能力的提升，同时也要提升自己的站位和为老师、同学们服务的主人翁意识。

二、教师方面

1. 接纳情绪，关心安慰。班主任应当对班干部的情绪给予接纳、理解和支持，并在恰当的时机给予合理化的建议，帮助他们管理和调节自己的情绪。

2. 定期开展心理疏导工作。班主任要定期关注班干部的心理健康状况，开展多种形式的谈话方式，如一对一谈话、小组谈话、团体谈话，给班干部提供必要的心理支持。

3. 定期开展工作方法交流指导会。每位班干部定期汇报和交流自己分管工作中的亮点做法和不足困惑,大家在交流中相互学习,在讨论中碰撞出智慧的火花。

三、家长方面

1. 给予孩子理解、支持和信任。告诉孩子,申请班干部那一刻,也意味着要承担这一职位带来的责任、困难和挑战。家长要给予孩子足够的力量支持,帮助他们树立克服困难的信心,鼓励他们勇于迎接挑战并为班级做出贡献。

2. 帮助孩子找出症结所在,一起探讨解决问题的方法。在这个过程中,可以引导孩子思考如何更好地处理类似的情况。

3. 鼓励孩子勇敢表达情绪。告诉孩子情绪无好坏,有情绪是正常现象,我们要勇敢接纳并合理表达自己的感受,包括难过、失望、愤怒等。

4. 培养孩子的自信心和抗逆力。对孩子为班级做出的贡献要隆重表扬,要让他们知道自己的努力和付出是值得的,从而增强孩子的自信心,也告诉孩子在人与人交往中遇到分歧和冲突时,要先冷静思考对策,不断提高自己的抗逆力。

【案例聚焦】

班长辞职风波

小 S 是我在支教期间所带的一个班级的班长。她性格泼辣、有开拓精神、有责任心,是班上的好苗子,但是由于性格强硬,虽然在班级管理中很有震慑力,但难免会得罪不少人。一天放学后,小 S 闷闷不乐地过来找我说她不想当班长了,尽管眼圈早已红了,但是自尊心强的她仍在努力克制眼泪不往下流。

此时我猜出她肯定是受到了委屈,我没有急于去问清事情的原委,而是给她足够的理解和接纳,看到她情绪逐渐平稳,我引导她说出了事情的原委。经了解得知,班上好几个同学背后说她的坏话并孤立她,说她没有爸爸,妈妈是残疾人,缺乏父母的教养,所以她才如此野蛮无礼。

当晚回家的路上,我的心情久久不能平静,一直在反思那段时间因为忙着班级事务和教学业务,忽视了对班干部的方法指导和心理建设的系统培训。第二天,我要求每位班干部利用周末时间梳理近阶段自己分管工作的亮点做法及困惑疑问,并要求今后每周都进行这样的分享例会。第二个周的周一上午大课间是班干部的例会分享时间，大家准备充分、各抒己见，对于他人抛出的疑问能主动思考、献计献策，尤其是军体小 Y 非常善于根据每个同学的性格特点来找到合适的沟通方法。当她分享方法时，我看小 S 听得尤其认真，时不时若有所思地点头、赞成。每看到这样的氛围，我暗暗窃喜，这样的分享例会不仅能让每个班干部静心、全面地思考工作得失，而且还能集思广益，共同出谋划策，每个班干部都能从他人工作亮点中汲取经验，从他人失败案例中吸取教训。

在下午的班会课上，我组织大家进行了一场别开生面的辩论赛：当班干部好不好？学生分成正反方，公说公有理，婆说婆有理。正方（赞成当班干部）认为有以下好处。

1. 提升领导力：班干部需要组织和协调班级活动、管理班级事务，这可以锻炼班干部的领导能力，包括组织能力、沟通能力、决策能力、分析问题和解决问题的能力。

2. 增强责任感：班干部需要承担班级管理的责任，这可以让班干部们更加了解和关注班级的需求和问题，同时也能够增强他们的责任感和担当精神。

3. 拓展人际关系、培养团队合作精神：班干部需要与班级中的其他同学进行沟通和交流，这可以拓展人际关系，建立良好的社交圈子。

反方（反对当班干部）认为有以下缺点：

1. 不容易被同学们坦然相待、易遭受排挤。班干部有很大的权力管理班级事务，但如果在某个问题上不能满足某些人的愿望，就会被同学们在背后说三道四，甚至被同学孤立。另外，班干部的任务需要全班同学的积极配合，如果同学对自己有意见，就很难调动他们的积极性，如果没有完成任务，就会受到老师的批评，所以如果能力不够，班干部就会陷入两头受气的境地。

2. 付出大量时间和精力。由于班干部需要处理的大量的班级事务，可能会挤占学习和休息的时间，这对于学习能力不是很强的同学来说是一个挑战。

话不说不清，理不辩不明。答案其实在学生辩论的过程中已经很明显了，这比我苦口婆心地说教要有效果得多。

为了让学生能深刻体会当班干部的不易和难处，在辩论会结束后的总结环节中，我宣布一个新的班级计划：每位同学按照学号依次轮流值班一天当班长，值班当天既要做好班级日志的记录，更要和其他班干部通力合作、协调维持好班级的各项秩序。值班结束形成一份书面心得《今天,我来当班长》,活动结束后我们将评选最佳班长潜力者 5 名、最佳协作者 10 名。我的话音刚落,学生瞬间炸开了锅,但是大多数学生还是非常激动,毕竟不想当将军的士兵不是好士兵。

经历了此次班长辞职风波后,同学们对班干部更加敬畏和配合,因为他们都真真切切体验了这份角色带来的不易和挑战,更能站在对方的立场去想事情。同样,班主任在管理班级时也不能一直站在自己的立场去想问题、做事情,更应该换位思考,多站在学生的立场上去设计一些丰富多彩的能让学生们亲身体验的活动,让他们在活动中参与、体验和感悟。

(威海市塔山中学　姜文君)

第 50 问:当班干部因管理与同学发生矛盾时,班主任该怎么办?

【老班难题】

班主任在进行班级管理时,会需要非常重要的小帮手,就是班干部。但不可避免的是,班干部有时候会因为班级管理问题与同学发生矛盾,这个时候,班主任该怎么办呢?

【寻根究源】

一、学生方面

1. 部分班干部没有树立正确的班级管理意识,服务意识不到位。有些孩子很自我,不能虚心接受别人的批评。

2. 部分班干部没有恰当地管理班级的方法,在管理班级的过程中,没有换位思考,在班级工作时过于急躁,不注重方式方法,甚至有些班干部对别人高标准,对自己要求很放松,导致与同学之间存在误会和冲突。

3. 有些班干部语言、举止不文明,行为失度。

4. 有些班干部不善于沟通,语言表达有问题。

二、班主任方面

1. 班主任过多地依赖班干部,导致班干部存在"仗势欺人"的行为。

2. 班主任一味偏袒班干部,导致学生将不满的矛头指向班干部。

【解忧锦囊】

一、学生方面

1. 班干部要树立正确的班级管理服务意识和恰当的管理方法,不能任凭自己的喜好进行班级管理。管理班级时不但要指出同学的错误,还要让其明白其中的利害关系,从班级大局的角度出发,那么同学就更加容易接受意见,并且要培养同学们的集体荣誉感,让同学们明白班荣我荣、班耻我耻的道理。

2. 普通同学也要学会换位思考,理解班干部的不容易,发生矛盾时主动提出合理化的建议。

二、班主任方面

1. 班主任一定要本着公平公正的原则,对普通同学和班干部一视同仁,不偏袒任何一方,而且用他们能接受的方式让犯错误的一方心服口服,这样的处理矛盾的方法会事半功倍,能取得良好的效果。班主任要一分为二地解读问题,任何一件事情的发生,一定是双方的责任,在处理班干部与普通学生问题的过程中一定不能随意偏袒任何一方。

2. 班主任可以采用角色换位的方式,让普通学生一周五天轮流担任不同的班干部,用班干部平常用的方式对待班干部,角色的换位会让班干部和学生都有所反思感悟。班主任应该在这个时候加以引导,既调解了学生之间的矛盾,又可以培养学生尊重和理解他人的意识。

【案例聚焦】

通而有解,化干戈为玉帛

班干部是班主任的助手,协助班主任管理班级,在工作中免不了会和同学发生摩擦和矛盾。这时,班主任要巧妙地调解班干部与同学间的矛盾,一方面要及时站出来为班干部撑腰,维护班干部管理班级的积极性;另一方面,也不能给学生留下偏袒班干部的印象,以免造成学生间的矛盾。

一、直言错误,给予台阶

一天因为中午开会,午自习时我不在班里。小宇午自习时大声喧哗,班长娜娜给予制止和批评。小宇不服气,同娜娜发生了争执。我了解情况后,找小宇谈话:"你在午自习大声喧哗这是违反纪律的,娜娜批评你,这是她在履行班长的职责,这是负责任的表现。你不听管理,是错上加错。娜娜当众严厉地批评你,确实欠考虑,我会叮嘱她以后在工作中注意方式和方法。我觉得还是你主动找她沟通最好,毕竟先犯错误的是你。谁先找谁沟通,不是丢面子,而是说明知错能改、胸襟宽广。"

通过我和小宇这番谈话,娜娜和小宇当天就化干戈为玉帛了。

对于小宇的错误,我对他严厉批评,同时指出娜娜的方式不妥,既显示了公正的态度,又给了小宇一个台阶。而"知错能改、胸襟宽广"一说从正面鼓励了小宇,为他主动找娜娜沟通做好了情绪上的良好铺垫,解决问题就水到渠成了。

帮助班干部批评犯错误的同学,可以直接指出其错误所在,但也要考虑到该同学的感受,在批评后,给予其台阶,化解其和班干部的矛盾。否则,一味地批评只会加剧学生和班干部之间的矛盾。

二、故事吸引,增强理解

在跑操的时候,小彬不认真跑,只顾自己跑,不关注班级队伍的整齐。体育委员小成批评他:"全班同学就你一个人不看队形,你一个人就破坏了整齐。上次跑操比赛,咱们班名次差,不就是因为有的同学做得不到位吗?"小彬听了很不服气,甚至火冒三丈,和小成吵了起来。

见状我把小彬叫到办公室。我说:"老师给你讲个故事:在南美洲的草原上,天气酷热,山坡上的草丛突然起火,无数蚂蚁被熊熊大火逼得节节后退,火的包围圈越来越小,感觉蚂蚁就要被全部烧死,然而意想不到的事情发生了,蚂蚁紧紧聚成一团,滚成一个大蚁球,迅速冲向火海,尽管一些蚂蚁被烧死,但是这让更多的蚂蚁绝处逢生。通过这个故事你学到了什么,小彬?"小彬回答:"蚂蚁的抱团让我感受到团队的力量,这一抱,是命运的抗争、力量的凝聚,唯有团队中人员互相协作，我们的班级才会越来越好。"

我说："你说得太精彩了！我理解你的心情，谁也不想被人看作拉班级后腿的人，这说明你集体荣誉感还是很强的。但小成说的是事实啊，咱们班跑操比赛名次差，大部分同学表现好，只有个别同学做得不好，导致队形不整齐。他是体育委员，因为这事，他找我谈过，心里很难过，觉得自己失职，没能带好大家。今天你做操不认真，他提及这件事，并不是针对你，也不等于说是你拉了班级的后腿。"

小彬听后点点头，对小成表示理解。

我在和小彬的谈话中，让他换位思考，站在班干部的角度看待问题，一方面使他更深刻地认识到了自己的错误，另一方面也使他切身感受到了小成的情绪，减弱了他对小成的敌意，增强了对其的理解。

让孩子们通过故事体谅和理解他人，老师要在这个时候加以引导，既调解了学生之间的矛盾，又可以培养学生尊重和理解他人的意识。

三、陈述利害，疏导有方

一天中午放学时，全班同学排队去餐厅用餐，小豪和同桌又说又笑，影响班级路队纪律。纪律委员小洲批评他俩，小豪满不在乎，依然我行我素。两人为此几乎动手。

我知道这件事后，找到小豪。我问他："小豪，你希望咱们的班级是个什么样的班级？"小豪不说话。我接着说："凡是追求上进的学生谁不希望自己的班级是个优秀的班集体？良好的环境是学习进步的保证，如果纪律松松垮垮，人人不遵守纪律，在这样的班级学习你能不受影响吗？怎么能保证纪律良好呢？除了靠同学们的自觉，还要靠班干部的管理。没有他们的管理，班级是一盘散沙，乱成一团糟。身在这样的班级，你脸上会有光吗？你们不理解班干部，他们干的都是得罪人的事，他们又何苦呢？还不是为了大家能有个良好的学习环境？"

我的一番话说得小豪心服口服。

针对小豪的错误，我并没有过多给予批评，而是从班级大局着眼，让其认识到班干部的管理工作对同学们学习进步的重要作用。陈述利害，进行疏导，使小豪认识到自己的错误，认识到班干部的重要作用和辛苦。

同时，我也找到小洲，给他讲了一个故事："狮子和老虎之间爆发了一场激烈的战争，最后，两败俱伤。狮子快要断气的时候对老虎说：'如果不是你非要抢我的地盘，我们也不会弄成现在这样。'老虎吃惊地说：'我从未想过要抢你的地盘，我一直以为是你要侵略我！'作为班干部，我们也要学会沟通，多理解同学，注意方式方法，让同学心服口服。"小洲羞愧地说："老师，我知道了，谢谢您！"

帮助班干部调解和同学的矛盾，不但要指出同学的错误，还要使其既知其然，也知其所以然，从班级大局的角度向同学陈述利害关系，使其明白，不遵守纪律自己也将会是最终的受害者，他会更容易接受你的意见。

班干部是班主任管理班级的左膀右臂，所以当班干部与同学发生矛盾时，班主任要及时站出来，帮助班干部调解和同学间的矛盾。否则，不但会使班干部感到孤立无援，伤了积极性，还会为班级埋下不和谐的种子。

（威海市塔山中学　李文娟）